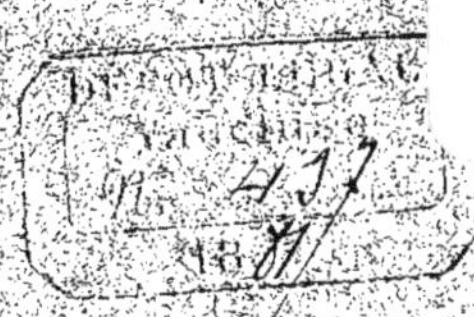

C.-M. DOMERGUE

SAINT-ROMAN

EN ARGENCE

Mémoire couronné par l'Académie de Nîmes

AVIGNON

SEGUIN FRÈRES, IMPRIMEURS-ÉDITEURS

—

Avignon, Roumanille ; Nîmes, Catélan ; Paris, Baur, rue des
Saints-Pères, 11.

—

1881

SAINT - ROMAN

EN ARGENCE

Élévation du Château de St Roman

Actuellement tout est dérasé à la hauteur de la ligne JJ'
il ne reste que le donjon I et les murs qui le soutiennent.

Gravure tirée de l'ouvrage de Mr Blaud,
Antiquités de la ville de Beaucaire, 1819.

C.-M. DOMERGUE

SAINT-ROMAN

EN ARGENCE

Mémoire couronné par l'Académie de Nîmes

AVIGNON

SEGUIN FRÈRES, IMPRIMEURS-ÉDITEURS

—

AVIGNON, Roumanille ; NIMES, Catélan ; PARIS, Baur, rue des
Saints-Pères, 11.

—

1881

SAINT - ROMAN EN ARGENCE

I

ASPECT GÉNÉRAL

VANT que les chemins de fer eussent supprimé un mode fort agréable de locomotion, la navigation à vapeur sur le Rhône, le voyageur qui descendait le cours du fleuve voyait peu à peu l'horizon s'élargir, et s'abaisser les montagnes qui le resserrent. Parvenu au point où le Gardon, le dernier affluent du Rhône, lui apporte ses eaux, il apercevait sur la rive droite une chaîne de collines d'où surgissent quelques pics plus élevés. Le bateau l'emportait rapidement entre les deux villes de Beaucaire et de Tarascon, fières de lui montrer chacune un château aussi pittoresque que ceux des bords du Rhin, mais découpant leur silhouette sur un ciel plus profond et plus bleu. Enfin, en arrivant à Arles, il voyait le cours majestueux du Rhône se ralentir et se diviser en deux larges bras affectant bien la forme d'une *fourche*.

C'est cette rive droite du fleuve, de l'embouchure du Gardon à Fourques, qui s'appelait jadis la Terre d'Argence ; et ce sont ces collines surmontées de trois pitons connus sous le nom local de *Triplo-Levado* — triple éminence — dont nous voulons essayer de retracer l'histoire.

Ces trois pics sont plus spécialement désignés, celui qui est au nord, sous le nom de l'Aiguille, celui qui est au sud, de Saint-Roman ; celui de l'ouest, qui domine la carrière du calcaire lacustre de Lieutond, a gardé le nom synthétique de Triple-Levade. Dans les anciens documents que nous aurons à consulter, Saint-Roman s'appelle d'abord Sanctus Roma-

1

nus de Acu, de Aculeia, de Aquilia, puis Saint-Roman de
l'Aiguille ; c'est tantôt l'abbaye de Saint-Roman, le prieuré
de Saint-Roman, tantôt le fort ou le château de Saint-Roman:
noms qui sont à eux seuls l'abrégé sommaire de son histoire.

Si nous avions à entreprendre l'étude préhistorique de ces
collines, leur formation géologique nous offrirait un problème
curieux. Ces pics ont une forme conique qui reproduit celle
des buttes volcaniques. Ils sont cependant formés jusqu'aux
trois quarts de leur hauteur par le calcaire néocomien, et couronnés d'un lambeau de calcaire coquillier, tous terrains
essentiellement stratifiés. Les géologues nous expliqueront
peut-être comment ces couches ont pu affecter une forme aussi
inusitée, et comment la molasse qui les domine a pu disparaître dans les bas-fonds environnants, pour n'aller se montrer que plus loin, et former les carrières de Beaucaire. Faut-
il voir là l'effet combiné d'un soulèvement et d'une érosion ?
L'érosion elle-même doit-elle être rapportée à l'époque gla-
ciaire ou à celle du diluvium alpin ?

Quoi qu'il en soit du mystère de leur formation, ces montagnes, telles que la nature nous les a laissées, ont gardé une
forme originale et pittoresque. Bien que d'une hauteur peu
considérable (1), les pitons qui surgissent de ce massif
s'aperçoivent au loin de tous côtés, et ils forment pour
l'habitant du pays un point de repère auquel le cœur, comme
les yeux, s'attache volontiers. Ils offrent à l'artiste des li-
gnes gracieuses et une mobilité de perspective que chaque
pas accuse et fait valoir. Les bords du Rhône lui proposent
aussi des tableaux tout faits: tantôt un lac suisse, ayant

(1) L'Aiguille est à 155 mètres au-dessus du niveau de la mer ; Triple-Levade à 150, et Saint-Roman à 116 (Émilien Dumas, *Statistique
géòl. du Gard*). La rive du fleuve à cet endroit est à une douzaine de
mètres.

pour fond la masse dorée du château du roi René, tantôt la
fière silhouette du château de Beaucaire qui se découpe à
l'horizon ; ici une île, toute garnie d'osiers verdoyants, res-
semble à une corbeille qui descendrait le cours du fleuve ; là,
pour premiers plans, des *aubes* plantureux forment des re-
poussoirs par leurs grandes masses et leur feuillage argenté.

En montant un peu, la végétation des terres profondes
cesse et fait place à la verdure grise des oliviers. Plus haut
encore, les pentes sont garnies de chênes verts, de genêts, de
houx, de nopals, de buis ; ces arbustes entretiennent toute l'année un aspect printanier, que la beauté du climat ne dément
presque jamais.

Arrivé enfin au sommet de Saint-Roman, si on regarde le
chemin qu'on vient de parcourir, on jouit d'un panorama en-
chanteur. La vue ne s'arrête pas sur les collines basses et peu
accidentées qui forment le premier plan ; mais on aime à
voir, au milieu des champs fertiles et diaprés de mille teintes,
serpenter le Gardon et miroiter au soleil les larges méandres
du Rhône. L'œil parcourt l'horizon et découvre successive-
ment la Tourmagne de Nîmes, Avignon et son Palais des
Papes, les châteaux de Boulbon, de Tarascon et de Beaucaire, Saint-Remy et Saint-Gabriel, les ruines de Mont-
Majour et les monuments d'Arles, l'île de la Camargue qui
vient se souder aux collines de Saint-Gilles. Au delà enfin,
le pic Saint-Loup, la chaîne des Cévennes, les montagnes
qui cachent le Pont du Gard, le Ventoux, Vaucluse, le Lébe-
ron, les Alpines, tous ces profils de montagnes bleues sur un
ciel serein, rappellent sans trop de désavantage les horizons
italiens.

Une vue si étendue et si variée est bien faite pour plaire au
peintre, mais l'archéologue désirerait sans doute voir de plus
près les monuments qu'il aperçoit au loin. Saint-Roman ne
lui offre rien qu'il puisse leur comparer. Il y recueillera pour-
tant des observations qui ne sont pas sans valeur.

Malgré des recherches réitérées, nous n'avons trouvé à Saint-Roman aucun débris de l'époque dite préhistorique. La période romaine y avait établi une *mansio* quelconque, à en juger par les fragments de poteries caractéristiques que l'on rencontre au bas de la pente, derrière la machine élévatoire des eaux de Nîmes, et à l'aspect de l'est, cette exposition que les Romains affectionnaient particulièrement. Ces poteries consistent en tuiles plates à crochets, en vases en terre grossière avec fragments de quartz noyés dans la pâte. En montant, et jusque sur le sommet, on trouve de nombreux débris de poteries noirâtres et grisâtres d'une basse fabrication et qui nous paraissent d'une époque relativement récente.

Les ruines elles-mêmes de Saint-Roman se rapportent aux deux états par lesquels il a passé, comme monastère et comme forteresse. Le massif de pierres à bâtir qui forme la pointe de la montagne a été taillé à pic de tous les côtés, et l'intérieur a été évidé par des mains patientes. Ce dernier travail a même été continué de nos jours; malheureusement le carrier moderne a choisi ses blocs sans égards pour la configuration primitive des excavations. Toutefois, s'il n'a pas respecté les coupes et les niveaux de l'ancien monastère, on peut le reconstituer par l'examen des lieux. Du côté du sud, une vaste salle était coupée dans sa hauteur par une voûte aujourd'hui effondrée : c'était sans doute la salle capitulaire. Le côté nord a été creusé plus irrégulièrement. On y remarque principalement une chapelle très-reconnaissable aux culs de four qui formaient abside, et bien orientée à l'est suivant les traditions ecclésiastiques. Des tombeaux jonchaient le sol ou étaient pratiqués dans les parois comme les *loculi* des Catacombes. On en compte encore une quinzaine, béants ou comblés, et quelques-uns avec la forme distincte de la tête. Peu de traces d'ornementation architecturale ; nous avons remarqué une porte carrée dont le linteau est surmonté d'un demi-cercle taillé dans le rocher : il faut rapporter ce motif à l'architecture romane. Des corridors et diverses petites pièces qui ont dû servir de cellules complètent la disposition intérieure du monastère.

Les pierres qui avaient été extraites ainsi du cœur même de la montagne ont servi à élever des constructions sur la plate-forme qui domine l'ensemble. Ces constructions, aujourd'hui presque entièrement détruites, offraient dans les derniers temps l'aspect militaire, tandis que l'intérieur a gardé plutôt l'aspect monastique. Un croquis du château (1), bien que l'œuvre d'un crayon peu expérimenté, donne une idée de ce qu'étaient ces constructions, avant leur démolition due à un des derniers propriétaires. Deux corps de bâtiments couronnés de créneaux, des fenêtres à croisées, une tourelle à plan demi-circulaire, une double enceinte, un fossé aujourd'hui obstrué par les décombres, une porte extérieure encore pourvue de son échauguette ; — Saint-Roman, on le voit, était bel et bien un château-fort, et avait dépouillé, au moins extérieurement, le froc du moine pour revêtir l'habit militaire.

Tout ruiné qu'il est, Saint-Roman peut donc encore intéresser l'archéologue, de même que ses alentours doivent plaire au peintre. Il a aussi inspiré des poètes. *Saint-Roman!* C'était un nom prédestiné pour l'école du romantisme qui florissait il y a près d'un demi-siècle. Un jeune Beaucairois, que l'aile de la mort a touché presque aussitôt que celle de la poésie, a placé à Saint-Roman l'entretien, sous le ciel étoilé, de deux fiancés, qui n'ont existé que dans son imagination brûlante (2).

Pour nous, négligeant, malgré leurs charmes, les divers aspects que nous venons d'indiquer, nous voulons étudier les

---

(1) César Blaud, *Antiquités de Beaucaire*, 1819.

(2) Théodore Marrazel, *Les Fiancés, ou les ruines de Saint-Roman, drame nocturne en quatre heures*, 1837.

souvenirs de Saint-Roman. Nous allons essayer de tracer son histoire, de faire revivre les hommes qui l'ont habité et les évènements dont il a été témoin.

Nous rechercherons les origines probables du monastère ; car il nous reste bien peu de données sur ce point. A défaut de ces renseignements, et sans sortir, croyons-nous, de notre sujet, nous donnerons une notice sur les églises qui dépendaient de Saint-Roman, l'histoire de la Terre d'Argence où il était situé, celle de l'abbaye de Psalmody à laquelle il a été si longtemps lié, celle d'un archevêque d'Arles, Gibelin, qui a eu une grande influence sur ses destinées. Nous étudierons en passant l'assiette de la propriété et de l'impôt au moyen-âge, et nous assisterons au jeu de cette organisation compliquée et aux débats qu'elle entraînait souvent. Nous verrons Saint-Roman, d'abord abbaye puissante, devenir, au commencement du XIIe siècle, prieuré conventuel ; il est sécularisé, puis aliéné au XVIe, et devient prieuré séculier et simple chapellenie. A ce moment, l'élément militaire l'emporte : Saint-Roman est un fort et prend sa part dans les guerres de religion. Enfin, avant de quitter cette monographie, nous assisterons au curieux débat du dernier siècle qu'on appelle le Procès de la plaine Saint-Roman.

Comme nous n'entendons point faire ici une œuvre d'imagination, et comme, d'ailleurs, il est juste de rendre à chacun ce qui lui est dû, nous indiquons les sources où nous avons puisé. Le *Gallia christiana*, cet inestimable recueil, un des chefs-d'œuvre de l'érudition bénédictine, nous a fourni nos documents les plus importants. Nous en avons trouvé d'autres dans les diverses *Histoires de Beaucaire*, notamment dans celle de M. A. Eyssette, dont le seul volume paru fait vivement désirer la continuation. Nous nous sommes aussi servi de l'*Histoire de Languedoc*, de Dom Vaissette, de l'*Histoire de Nîmes*, de Ménard, de l'*Histoire d'Aigues-mortes*, de M. di Pietro, et des pièces du *Procès de la plaine*,

qu'un de ces hasards si appréciés des fureteurs et des ama-
teurs de bouquins a fait tomber entre nos mains. Nous avons
étudié avec fruit divers dépôts d'archives et l'*Inventaire
sommaire des archives municipales de Beaucaire*, de M. de
Lamothe. Pour la terminologie, nous avons eu recours au
Glossarium de Du Cange. Enfin, pour la topographie, nous
avons consulté le cadastre même de Beaucaire, et l'excellent
Dictionnaire topographique du Gard, de M. Germer-Durand, dont les lettres et la science épigraphique déplorent la
perte récente.

II

ORIGINES

Les traditions de l'Église de France font remonter jusqu'au temps des Apôtres l'établissement du christianisme dans notre pays. Sans parler des prédications de saint Lazare et de saint Maximin, de sainte Madeleine, de sainte Marthe et des saintes Maries, il paraît démontré que, de Rome même, saint Pierre envoya des missionnaires dans les Gaules, parmi lesquels saint Denys l'Aréopagite, évêque de Paris, et saint Sixte, évêque de Reims. Ce dernier, suivant une tradition locale, se serait arrêté à Ugernum et aurait habité quelque temps un ermitage creusé dans le quartier des carrières. Une chapelle fut ensuite bâtie à côté de la demeure de saint Sixte, et nous la verrons plus tard dépendre de Saint-Roman.

Beaucaire, qui devait dans la suite s'illustrer par sa fidélité à sa religion :

> Emicat intacta relligione sua,

était donc déjà chrétien à cette époque reculée, et commençait dès lors ses traditions en élevant sur les bords du Rhône sa première église, St-Pierre *à ripis*. On peut présumer que c'est en souvenir du passage de saint Sixte et de la mission que le prince des Apôtres lui avait donnée, que ce vocable a été choisi par nos aïeux.

Dans les premiers siècles de l'Église, notre pays ressentit

l'influence monastique, qui était si féconde à cette époque et qui peuplait de cénobites et de solitaires les villes comme les déserts. C'était le temps où le moine Cassien, après avoir préludé à sa vocation dans la Thébaïde, fondait à Marseille le monastère de Saint-Victor, où il vit réunis sous sa direction jusqu'à cinq mille religieux. Ce fut là qu'il mourut vers 440, âgé de près de cent ans, et laissant après lui, non seulement ce prodigieux établissement de Saint-Victor, mais encore deux livres qui devaient continuer son œuvre : les *Institutions monastiques*, si appréciées de saint Benoît qu'il en recommandait expressément la lecture à ses religieux, et les *Conférences des Pères du désert*, composées à la demande de saint Castor de Nîmes, évêque d'Apt.

Ainsi, un premier courant, que j'appellerai apostolique, avait implanté le christianisme dans les Gaules ; et après que cette semence eut fermenté lentement dans les rigueurs de la persécution, elle se développa vigoureusement sous l'action d'un second courant, le courant monastique, et nous la voyons avec Cassien en pleine floraison.

L'influence de Cassien rayonne dès lors au loin. Un moine d'Ainay à Lyon, saint Romain ou Roman, se met en route pour les montagnes du Jura, n'emportant pour toute fortune que l'esprit de Cassien et pour tout bagage que ses écrits. Il s'arrête dans le vallon de Condat, où fut depuis bâti St-Claude ; et là, vivant, pour le corps, du travail des champs, et, pour l'âme, de prières et de lectures, il fonde un monastère, et bientôt d'autres supplémentaires à proximité.

Saint Romain serait-il venu de sa personne fonder le monastère de l'Aiguille ? C'est la tradition que rapporte Vincent Sève, le plus ancien historien de Beaucaire. Nous le citons volontiers, à cause du tour naïf de son vieux langage (1) : « Il ne reste rien, dit-il, à la campagne et terroir de Beau-

(1) D'après le manuscrit inédit appartenant à M. H. Guez.

caire qui soit plus de mémoire et considérable que Saint-Roman, qui est un vieux château depuis le christianisme, et où saint Roman et saint Rosier (1) souloient habiter. Auquel lieu les chrétiens souloient porter leurs vœux à cause des fréquens miracles qui s'y faisoient et s'y font encore, où l'on confirme lesdits vœux et pèlerinages, servant de retraitte aux pèlerins passant, ce que je témoigne pour l'avoir vu du temps qu'il étoit possédé par François de Conseil, seigneur dudit Saint-Roman, à présent au pouvoir d'Henry de Porcellets, seigneur du Baye et dudit Saint-Roman, et du temps que le Saint-Siège étoit à Avignon, c'étoit le séjour d'un cardinal les armes duquel j'ay vu imprimées contre la porte qui souloit aller à la cuisine dudit château où le four à cuire le pain étoit proche la grande citerne dudit château. »

Malgré la valeur que nous attribuons en général à la tradition, nous ne discuterons pas l'assertion de Sève. Il est plus connu comme le continuateur de Nostradamus que comme historien, et chez lui l'astrologie a fait tort à la critique. Mais, si la venue de saint Romain à Beaucaire n'est qu'une vénérable tradition dépourvue d'authenticité, serait-il bien étonnant qu'après sa mort, arrivée en 460, la réputation de ses vertus et l'éclat de ses miracles (2) aient porté d'autres religieux à adopter ses règles ou simplement à se mettre sous le patronage de son nom ? Les *Institutions* de Cassien, qui avaient déjà remonté la vallée du Rhône, n'ont-elles pas pu, reprenant ce chemin, rebrousser vers le midi ? Rien n'empêche de le croire et tout porte à le supposer. C'est à cette origine, à défaut de preuves d'une action directe de saint Romain lui-même, que nous rapportons le grand nombre d'églises ou d'agglomérations d'habitants qui, dans la vallée du Rhône et

---

(1) Chez les hagiographes, le frère de saint Roman est appelé saint Lupicin.

(2) Ils sont constatés par saint Grégoire de Tours, qui écrivait un siècle après la mort de saint Romain.

aux environs, portent le nom de Saint-Roman. Le département du Gard, à lui seul, en renferme sept, dont la plupart sont d'anciens prieurés et ont une origine monastique (1).

Ce qui est certain toutefois, c'est que les traditions laissées par saint Sixte à Beaucaire ne dûrent pas y être oubliées et ne pouvaient pas y demeurer stériles. Les puissantes couches de pierre à bâtir qui forment une portion de notre sol, n'avaient pas seulement une destination purement sociale ; Dieu, sans doute, en créant cette roche facile à creuser, l'avait prédestinée à devenir la retraite de ses adorateurs, et en avait couronné nos pitons les plus élevés pour en faire des nids de prière plus près du ciel.

Sans pouvoir faire remonter avec certitude au Ve siècle la fondation de l'abbaye de Saint-Roman ou Romain, nous sommes assurés qu'elle ne doit pas être de beaucoup postérieure. En effet, en abandonnant les hypothèses plus ou moins fondées qui précèdent, et si l'on s'arrête à la première mention authentique qui soit faite de Saint-Roman, on voit qu'en 1102 la charte de Gibelin, archevêque d'Arles, lui attribue déjà à cette époque une antiquité reculée.

Cet acte cite, outre le nom de l'abbé Martin qui y prend part, ceux de deux anciens abbés de Saint-Roman, Garnier et Roger, sans doute les plus récents ou les plus illustres. Car on ne peut pas supposer que la série des abbés de Saint-Roman ne se compose que de trois noms, lorsqu'on voit l'archevêque Gibelin affirmer l'ancienneté de l'abbaye et y puiser des motifs de la traiter avec les honneurs et les égards qu'on ne prodigue pas à une fondation de date récente.

(1) Le prieuré de Saint-Roman en Vaunage ; — Saint-Roman du Cros, chapelle et château près Cornillon ; — Saint-Roman Laval, hameau ; — le prieuré de Saint-Roman de Tornac, près Anduze ; — le prieuré de Saint-Roman de Codière, près Sumène ; — le prieuré de Saint-Roman de Malespels, près Sommières ; enfin notre Saint-Roman de l'Aiguille (Cités par M. Germer-Durand, *Dict. topogr. du Gard*).

Il y a plus : cette même charte fait le dénombrement des églises qui appartiennent à Saint-Roman ; elle en énumère quinze, dont sept sont situées à d'assez grandes distances, dans les diocèses d'Aix, de Sisteron et de Maguelonne. Assurément, ce n'était pas une abbaye toute nouvelle qui aurait pu avoir des possessions aussi nombreuses et aussi éloignées.

Un autre document confirme l'idée qu'on peut se faire de l'antiquité de Saint-Roman et de son état prospère en 1102, en même temps qu'il fournit un renseignement caractéristique sur le régime intérieur de l'abbaye. Les auteurs du *Gallia christiana* (1) donnent la liste des églises et bénéfices qui dépendent de l'abbaye de Psalmody. Ce catalogue, extrait des bulles d'Urbain II (1099) et Paschal II (1115), ne se rapporte, en ce qui concerne Saint-Roman, qu'à l'année 1115, puisque ce n'est qu'en 1102 que cette abbaye fut unie à celle de Psalmody. Or en 1115, Saint-Roman est mentionné par cette phrase : « L'église et le monastère de Saint-Roman avec ses cellules. » Le monastère avait donc une église distincte, fût-elle creusée dans le roc ou construite à part ; il y avait surtout, détail curieux, des cellules séparées qui en dépendaient.

Lorsqu'on parcourt en effet les environs de Saint-Roman, on trouve encore sur les cimes voisines des traces très évidentes de cellules. Au pic de l'Aiguille, on en reconnaît aisément cinq ou six. Il faut voir évidemment dans ces adjonctions au monastère principal la preuve du grand nombre de moines qui étaient venus s'y fixer, et qui, faute de place à Saint-Roman même, avaient creusé les pitons voisins. Il y a en même temps dans ce fait la trace vivante des traditions de saint Sixte et des solitaires de la Thébaïde : ils se construisaient chacun leur cellule à part, tout en s'associant aux exercices communs du groupe monastique auquel ils appartenaient.

(1) Tome II, Instr. XX.

III

LES ÉGLISES QUI APPARTENAIENT A SAINT-ROMAN

C'est encore s'occuper des antiquités chrétiennes de notre pays, que de parler des églises qui appartenaient à Saint-Roman en 1102. Nous nous attacherons cependant davantage aux huit premières, situées dans l'archidiocèse d'Arles, comme intéressant plus particulièrement notre histoire locale par leur proximité.

1. La première église mentionnée dans la charte de 1102, *St-Laurent*, est la plus rapprochée des montagnes de l'Aiguille. C'est St-Laurent de Jonquières, ainsi appelé des joncs qui croissaient près de là dans un terrain marécageux, desséché aujourd'hui et devenu une plaine fertile. Cette église, située sur la route de Nîmes à Beaucaire, entre St-Vincent et la montée de Sicard, devint avec Saint-Roman la propriété de Psalmody. Le *Cartulaire* de cette abbaye nous apprend qu'elle était prieuré et qu'elle appartenait encore à Psalmody en 1422.

Ce n'est plus aujourd'hui qu'une chapelle isolée et en ruines, mais qui conserve encore des restes intéressants. Son plan, un carré long terminé par une abside demi-circulaire, ses chapiteaux ouvragés, ses corniches à denticules la font remonter à une époque reculée, peut-être à la période carlovingienne. Elle était couverte en dalles, à deux pentes, et sur le faîte courait une arête à jour dont il reste encore des traces. Le clocher surmontait l'abside ; il était carré et percé de baies à plein cintre, dont il n'a conservé que deux pieds droits. Le constructeur de cet édifice s'est servi des matériaux qu'il avait sous la main ; il a utilisé pour l'arc qui sépare l'abside de la nef deux colonnes milliaires semblables à celles qui sont encore en place, non loin de là, à Roquepartide et à Manduel.

L'archevêque d'Arles, dans sa visite du 24 novembre 1636, fut déjà frappé de l'état de délabrement de ce vénérable édifice que les religionnaires avaient incendié et détruit en partie ; il ordonna de le réparer (1). Ce sont les ruines qui ont prévalu.

2. *St-Nazaire de Beaucaire.* C'était aussi un prieuré, dont la chapelle, située près de N.-D.-de-Pommier, a disparu aujourd'hui. Cette église, une des plus anciennes de Beaucaire, fut, comme St-Pierre *à ripis*, église paroissiale ; elle était sous le double vocable de saint Celse et saint Nazaire.

Elle a eu pour prieurs des hommes éminents. Pierre Roger, né dans le Limousin, est celui d'entre eux qui a laissé le plus de traces dans l'histoire. Après avoir été prieur de St-Nazaire, il le devint de St-Bauzille, près Nîmes, qui appartenait aussi à la Chaise-Dieu où il avait été religieux. Il devint ensuite abbé de Fécamp, évêque d'Arras, archevêque de Sens, puis de Rouen, et cardinal en 1338. Enfin, en 1342, à la mort de Benoît XII, il fut élu pape et prit le nom de Clément VI.

Baptisé dans la paroisse de Roziers, il en avait pris occasion d'adopter des roses pour ses armes. Malgré les ruines faites par les constructeurs de la nouvelle collégiale et par les démolisseurs de 1793, on peut encore voir ce blason sculpté sur les murs du doyenné de Beaucaire. Car c'était Pierre Roger qui avait, à ses frais, fait bâtir la maison claustrale du prieuré, affectée depuis au doyen du chapitre de N.-D. de Pommier. Le séjour de Beaucaire lui avait plu sans doute ; devenu

----

(1) Trenquier, *Notice sur les localités du Gard.*

souverain Pontife, il n'oubliait pas le lieu où il avait passé
ses jeunes années, et ce fut là qu'il vint se réfugier pendant la
peste de 1347. Pierre Roger mourut en 1352.

Son neveu, nommé comme lui Pierre Roger, fut aussi
prieur de St-Nazaire. Il avait été d'abord sacristain de Ste-
Catherine de Beaucaire.

Enfin, de 1388 à 1415, St-Nazaire eut pour prieurs les
cardinaux de Viviers, d'Angers, d'Albano et de Chalen-
çon (1).

Le prieuré de St-Nazaire possédait des revenus considérables. L'ancien compoix de Beaucaire lui attribue une taille
annuelle de deux cents livres, pour les biens-fonds seulement. Une lième de 1345 (2), indique en outre le revenu suivant en censives : 390 septiers de blé, 142 d'orge, 20 cannes
d'huile, 2 livres et demie de cire et 54 livres en argent.

L'abbaye de Saint-Roman, ne possédait sans doute qu'une
portion des biens et privilèges de St-Nazaire, bien que la
charte de 1102 ne fasse pas cette distinction. Déjà, en 1095,
Raymond, comte de Saint-Gilles, avait donné ce qu'il possédait de ce prieuré à l'abbé de la Chaise-Dieu en Auvergne (3). Ce partage de biens et de juridictions était fréquent
au moyen âge, et le cours de cette étude nous en fournira
un exemple à Saint-Roman même.

Ainsi Saint-Roman ne possédait pas l'intégralité des revenus de St-Nazaire et ne dut pas retenir longtemps ceux

---

(1) Détails tirés du *Mémoire hist. sur l'égl. paroiss. de Beaucaire*,
par M. Granier, cité par M. A. Eyssette.

(2) Forton, *Hist. de Beaucaire*.

(3) Par cet acte, Raimond donne à l'abbé de la Chaise-Dieu plusieurs dîmes sur les pêcheries, les péages, la boucherie et les prés de
Beaucaire, et notamment les églises du château de Beaucaire, savoir :
St-Pasque et St-Nazaire. En 1183, le comte de Toulouse avait déjà
reconnu les droits de Lantelme, abbé de la Chaise-Dieu, sur ces églises. Ces actes sont l'origine des liens qui ont rattaché N.-D. de Pommier à l'abbaye de la Chaise-Dieu.

dont il jouissait. A l'époque de Pierre Roger, il ne paraît pas que l'une de ses institutions dépendît encore de l'autre. D'ailleurs, le prieur de St-Nazaire partageait le revenu avec le sacristain de Ste-Catherine et avec les prêtres attachés au service actif du prieuré, ce qui indique un démembrement déjà ancien de la propriété.

Les guerres de religion vinrent apporter un nouveau changement à cet état de choses. Dans l'invasion de 1562, St-Nazaire fut incendié et tous ses titres de propriétés perdus. Ce désastre amena la ruine du prieur et lui enleva les moyens d'entretenir le service divin que les Consuls durent mettre à la charge de la communauté. Enfin, un chanoine de l'église de Nîmes originaire de Beaucaire, Jean de St-Jean, qui était prieur de St-Nazaire, eut l'initiative d'une transformation complète. Sur sa demande, le conseil général de la commune envoya, en 1593, à Rome, Barthélemy Pagès, pour y poursuivre la sécularisation du prieuré. Elle fut obtenue en 1597 sous Clément VII. La bulle qui la prononçait sépara notre prieuré de la mense de l'abbaye de la Chaise-Dieu et de la collation de son abbé, et le remplaça par un chapitre collégial sous le titre de N.-D.-de-Pommier.

C'est ainsi que finit l'histoire du prieuré de St-Celse et St-Nazaire. L'antique église paroissiale de Beaucaire avait été absorbée par la nouvelle paroisse devenue collégiale.

3. *St-Vincent de Cannois*. L'emplacement de ce prieuré était tout voisin de celui de St-Laurent de Jonquières, et tirait comme lui son nom des roseaux que produisait le marais contigu. Il fut réuni en 1789 à la paroisse de Jonquières.

4. 5. *Ste-Marie de Urbano* et *St-Vincent sur le territoire de Tarascon*. Nos recherches relativement à ces deux églises ont été entièrement infructueuses. La première ne serait-elle pas la chapelle, aujourd'hui disparue, qui se trouvait sur le territoire de Beaucaire et qui s'appelait N.-D. d'Arbon ou d'Albon ? D'ailleurs M. Trenquier lit : *Sancta Maria de Albano*.

6. *St-Sixte*. Nous avons déjà dit les origines de cette chapelle qui se rattachent, d'après la tradition, à celles mêmes
du christianisme dans nos contrées. L'ermitage primitif de
l'envoyé de saint Pierre dut être de bonne heure complété
par l'adjonction d'une église et la célébration de l'office divin. Pendant une longue période l'histoire est muette sur les
destinées de St-Sixte ; nous ne le retrouvons qu'au moment
où nous apprenons qu'il fait partie des possessions de Saint-
Roman. En 1241, un acte réglant les droits respectifs du
prieur de Beaucaire et de ses vicaires, chapelains et clercs,
est passé en présence de témoins parmi lesquels figure Jean,
prieur de St-Sixte (1).

En 1268, la source près l'église de St-Sixte est mentionnée comme limite dans une sentence du sénéchal de Beaucaire mettant fin à un procès entre cette ville et Saint-Roman.

En 1365, Jean de Lergis, délégué du Pape Urbain VI,
pour la visite et réformation des établissements religieux du
diocèse d'Arles, enjoignit au prieur de St-Sixte de résider
dans son prieuré, d'y accomplir exactement le service accou-
tumé et d'y faire mettre une porte, afin qu'en l'absence du
custode, le lieu fût clos par décence (2). Ces mesures durent
être nécessitées par la proximité de la ville et par les agréments de cet endroit, où se rendaient probablement non seulement les pèlerins, gens tranquilles, mais aussi la jeunesse
un peu bruyante de la ville. Elle vient aujourd'hui encore s'é-
battre à certains jours au château de Privat, situé à côté de
St-Sixte. C'est qu'en effet nombre de ces kermesses locales,
connues sous le nom de *votes*, n'ont pas d'autre origine qu'un
rendez-vous de dévotion ; seulement, elles ont tant soit peu,
avec le temps, changé de but et de physionomie.

(1) L'abbé Donat, *Tradition locale sur le séjour de saint Sixte à
Beaucaire*. Cet acte est indiqué comme provenant des Archives de
l'archevêché d'Arles.

(2) A. Eyssette.

2

Les archevêques d'Arles ont continué, depuis Jean de Lergis, de visiter le prieuré de St-Sixte. En 1651, Mgr François Adheymar de Monteil de Grignan trouvait l'église fermée. Le procès-verbal de la visite constate que « messire Jean Guignat, archidiacre de St-Gilles, en était prieur, lequel n'y fait aucun service, et en retire des rentes en dîmes environ cent livres quittes » (1).

En 1672, autre visite de Mgr Jean-Baptiste Adheymar de Monteil de Grignan, coadjuteur de l'archevêque d'Arles. Le procès-verbal décrit « la chapelle de St-Sixte qui est assez petite, dans un rocher ; le retable estant tout déchiré par le bas, y ayant aulcuns ornemans qu'un devant d'autel de toile peinte et deux chandelliers de bois. On n'y dit messe qu'une fois de l'an sçavoir est le jour de saint Xist, et l'on porte tous les ornemans nécessaires. Le prieuré de lad. chapelle est possédé par messire Donin, chanoine de St-Gilles, qu'il lui vaut environ nonante livres de rente. » A la suite de cette visite l'archevêque ordonne que le prieur « faira réparer le retable, mettre un dais à l'autel et un crucifix et y faire dire une messe tous les premiers dimanches du mois et encore le jour de la feste » (2). Ces extraits nous apprennent qu'au XVIIe siècle St-Sixte appartenait au chapitre de St-Gilles.

Enfin, à la veille de la Révolution, dont il devait être l'un des plus purs martyrs, Mgr du Lau se conformait à cet usage. Peu après sa prise de possession, « le 22 septembre 1777, dit le sacristain Chastel dans ses Mémoires (3), Mgr du Lau fut au château de Saint-Roman pour faire sa visite ; le 23 il fut à St-Xiste. » Ce furent les adieux de l'épiscopat à l'antique retraite du fondateur de notre église. Peu de temps après, le prieuré était dit bien national, puis devenait propriété privée.

---

(1) Arch. de N.-D. de Pomier.

(2) Arch. de N.-D. de Pomier.

(3) Mss appartenant à M. de Courtois.

Le compoix de 1595 mentionne l'ermitage de St-Sixte comme possédant une olivette, dont le présage est de trois sous trois deniers. Ce domaine devait rapporter un bien modeste revenu au prieur, alors surtout que les consuls taxaient le prix de la canne d'huile à trois livres. Mais il se dédommageait en dîmant, comme il en avait le droit, sur une certaine étendue de biens-fonds. Il ne paraît pas toutefois que ce revenu ait suffi à l'entretien du service religieux. Le prieuré fut même délaissé, puisqu'une délibération des consuls de Beaucaire (1) accorde une aumône de trente livres à un dévotieux ermite qui, avec la permission de l'archevêque, est venu se fixer à l'ermitage de St-Sixte.

Nous comprenons bien le choix que fit de ce lieu le dévotieux ermite : il n'en est pas de plus agréable. Abrité par un mur de rochers contre les violences du mistral et regardant le soleil, il offre un sol propice à la végétation des plantes méridionales. Il est d'ailleurs situé à une élévation moyenne qui permet au regard d'embrasser un horizon riant. Il joint ainsi le charme d'une nature agreste aux souvenirs d'une vénérable tradition.

7. *St-Pierre de Termino*. Il existe sur le territoire d'Aramon une chapelle ruinée qui porte ce même nom de St-Pierre du Terme. Elle était située sur la limite des diocèses d'Uzès et d'Avignon. Comme elle n'a jamais appartenu à celui d'Arles ni à la terre d'Argence, ce n'est pas d'elle qu'il serait question dans la charte de 1102, et il faudrait la chercher ailleurs. Ne serait-ce pas St-Pierre *à ripis* de Beaucaire, ou St-Pierre de Camp-Public situé au midi et à peu de distance de cette ville ? Ces deux églises rempliraient les conditions énoncées, étant à la fois dans l'archevêché d'Arles et dans la limite de sa circonscription.

8. *St-Etienne de Heremo*. Le prieuré de St-Étienne de

(1) Arch. comm.

l'Herme était situé sur le territoire actuel de Montfrin. Ses ruines mêmes ont péri, et il n'en reste plus que quelques tombes et quelques pierres qui apparaissent sur la berge droite du Gardon, lorsque le fougueux torrent emporte ses bords. C'est à l'endroit où, avant de se jeter dans le Rhône, il cotoie la route de Beaucaire à Uzès. Les Romains avaient dans le même lieu un établissement ; on y trouve des fragments de poteries samiennes marquées OF. MATE, sigle du potier.

Ce mot de *Heremo* indique ordinairement un lieu écarté, désert ; d'où les termes, d'ermite, d'ermitage. Mais il nous semblerait plutôt qu'il doit être pris ici dans l'acception de terrain non cultivé, qu'il a conservée encore dans le nom provençal, *erme, armas*.

Le cartulaire de Psalmody mentionne déjà en 1018 St-Étienne de l'Herme. Bien avant que St-Roman lui fût réuni, Psalmody avait donc une action dans l'Argence et certains droits sur les propriétés de St-Roman. Des conflits durent naître entre les deux abbayes, et il était facile de prévoir que St-Roman devait un jour s'effacer devant sa puissante rivale.

Quant aux sept autres églises qui dépendaient de St-Roman, il suffira de les énumérer, puisqu'elles intéressent moins notre histoire locale. Remarquons toutefois le nom de St-Roman-sur-Durance : l'identité et la fréquence de ce vocable, nous semble une nouvelle preuve en faveur de l'hypothèse que nous avons émise relativement à l'origine de notre St-Roman.

La charte de Gibelin mentionne comme dépendant de St-Roman-de-l'Aiguille : dans l'archidiocèse d'Aix, l'église de *St-Marcel in termino de Lunaïda* ; l'église de *St-Léodegaire in termino de Garambodensi* (1) ; l'église de *Ste-Ma-*

(1 Grambois, près Pertuis (Vaucluse).

rie d'Entraigues in termino de Robiante, et l'église de *St-* *Roman de Donentia in termino de Pulchro-Monte* (1) ; dans le diocèse de Sisteron, l'église de *St-Sauveur* et l'église de *Ste-Marie de Camarlaiso*, et dans le diocèse de Maguelonne l'église de *St-Mathieu in termino Montis-Ferrandi (2)*.

Enfin, postérieurement à l'acte de Gibelin, une seizième église dont nous ignorons la situation, *Ste-Marie de Limencia*, fut, vers 1160, l'objet d'une cession par Hugues, archevêque d'Aix, à Guillaume II, abbé de Psalmody, et au monastère de St-Roman, ainsi qu'aux moines qui y résidaient (3). Il paraît par cette charte que, bien que réuni à Psalmody et en dépendant, St-Roman était encore un monastère assez important pour acquérir en son nom propre.

(1) Beaumont d'Apt, sur la Durance.

(2) M. Trenquier lit au lieu de *Lunaïda, Limaisa* ; de *Leodegarii, Bodogarii* ; de *Donentia, Durentia* ; et de *S. Mathei, S. Mathei de Trevies.*

(3) *Gall. Christ. Series abbat. Psalmod.*

IV

PSALMODY

Telles étaient les possessions de St-Roman. Voyons maintenant quelle était cette abbaye psalmodienne dont St-Roman a dépendu lui-même.

L'incertitude règne également sur les origines de Psalmody. Plusieurs auteurs la font remonter au Ve siècle et la regardent comme une colonie de St-Victor de Marseille. Il est de fait que des rapports existèrent entre les deux célèbres abbayes, et que plus tard ils amenèrent une compétition de suprématie. Une donation du prêtre Ilrède, en 791, est la plus ancienne charte connue qui fasse mention de Psalmody.

Le nom de cette abbaye vient de l'usage qu'adoptèrent ses religieux de psalmodier jour et nuit sans interruption les louanges de Dieu. Les Sarrasins vinrent démentir plusieurs fois cette pieuse étymologie. Ils renversèrent de fond en comble Psalmody en 793, puis à la fin du Xe siècle. L'abbaye, relevée une première fois par Charlemagne et restaurée une seconde fois en 1004, voit alors sa prospérité s'accroître rapidement. Ses possessions deviennent nombreuses, et son influence l'emporte parfois sur celle des seigneurs les plus puissants.

C'est ainsi que Raymond IV, comte de St-Gilles, pour avoir usurpé sur les propriétés de l'abbaye, fut condamné à venir faire amende honorable devant l'autel majeur de Psalmody dédié à saint Pierre. Pénitence exemplaire, mais qui devait peu profiter aux comtes de St-Gilles, puisque Raymond VI, après le meurtre du légat Pierre de Castelnau, dut subir une humiliation pareille, qui fut accomplie dans l'église de St-Gilles, en 1208. Ces faits suffisent pour donner une haute idée de la puissance monastique à cette époque. Elle était nécessaire pour réprimer les entreprises de ces petits souverains, autant à redouter parfois que les incursions sarrasines. Un esprit impartial ne peut se refuser à reconnaître l'évidence de la mission providentielle au moyen âge des ordres religieux. Dans la société pulvérisée qu'avaient faite les barbares, ils ne conservèrent pas seulement le précieux dépôt des connaissances intellectuelles ; mais ils furent en même temps les agents les plus actifs de la reconstitution sociale.

C'est à ce moment qu'il faut placer le grand débat entre St-Victor et Psalmody. En 1048, Pierre, comte de Maguelonne, avait soumis cette abbaye à l'abbaye rivale de Marseille. Psalmody ne voulut pas accepter cette sujétion et finit par intéresser à sa cause le Souverain Pontife lui-même. Enfin, Bertrand, métropolitain de Narbonne, Gibelin, archevêque d'Arles, Raimond, évêque de Nîmes, et Godefroy, évêque de Maguelonne, furent commis par le pape pour juger le différend et mettre un terme à cette longue querelle. Le jugement, prononcé en 1097, par Gibelin, affranchit Psalmody de toute dépendance envers St-Victor, et fut ratifié, en 1099, par une bulle d'Urbain II, le promoteur de la première croisade.

Ce fut trois ans après ce triomphe que Psalmody joignit à ses possessions St-Roman et ses dépendances et acquit dans tout le pays une prépondérance souveraine. Dès lors, c'est à l'envi que les princes le comblent de faveurs. En 1115, le pape Paschal II confirme, par une bulle spéciale, tous les droits de l'abbaye. En 1158, Raimond V, comte de Toulouse, approuve et confirme tous ses privilèges et toutes ses possessions. En 1203, Phillippe-Auguste lui accorde la qualité de franc fief ; ce qui la place sous la suzeraineté immédiate du roi.

En 1221, le pape Honoré III l'affranchit même des pouvoirs ordinaires de l'évêque diocésain et la met sous la juridiction directe du Saint-Siège. Enfin, en 1248, saint Louis traite avec elle de puissance à puissance et lui achète l'emplacement d'Aiguesmortes.

Psalmody conserva sa grandeur et son influence jusqu'au jour où le vent de la sécularisation vint à souffler sur elle des miasmes bien plus délétères que ceux des lagunes qui l'entouraient. Ce fut la fin de l'abbaye ; alors cessèrent sous ses voûtes abandonnées les psalmodies que seuls, jusques là, les Sarrasins avaient pu un moment interrompre. En 1537, les moines psalmodiens, et ce qui restait des biens de leur mense, constituèrent le chapitre d'Aiguesmortes, transféré plus tard à Alais.

CARTE
DE
L'ARGENCE

Rupes fortis
Podium altum
B. Mariæ de Furnis
Pons de Garlio
DIOEC.
VCETIENSIS
DIOEC.
Villa de Angulis
DIOEC.
DIOEC.
NEMAVSENSIS
Rhodanus
AVENIONENSIS
Barbentana
Clausonna
Castrum Montis Frini
Medenæ
Barsanica
NEMAVSVS
Castrum de Bulbono
S. Stephani de Heremo
Comps
Colobricæ
S. Vincentius
S. ROMANVS DE ACVLEIA
Junqueriæ
S. Laurentii
CASTRVM BELLIQVADRI
S. Sixti
TARASCO
S. Paulus in Vallorciis
S. Petri de Campo publico
Maillana
Adavum
Salatianum
ARGENTIÆ
ARELATENSIS
S. ÆGIDIVS
Villa d. Furchis
DIOEC.
MONS MAJOR
Insula de Camaricis
Trancatella
ARELATE
Mᵐᵉˢ Delmas, Sourbier. Sᵘʳ

V

LA TERRE D'ARGENCE

La terre d'Argence a pris son nom, soit de la fertilité de son territoire, soit d'un aspect particulier dû au feuillage argenté des *aubes (populus alba)* qui y croissent spontanément ou aux efflorescences de sel qui y blanchissent le sol. On appelait plus spécialement Argence un centre d'habitations, aujourd'hui détruit et qui était situé sur les bords du petit Rhône, entre Fourques et St-Gilles. Il existe encore sur l'ancien emplacement deux fermes qui ont conservé les noms de petit et grand mas d'Argence (1).

Ce territoire avait environ quatre lieues de long sur une largeur moyenne d'une lieue et demie. Il avait la forme d'un triangle un peu étranglé par le milieu, et était borné au midi par le petit Rhône, à l'est par la Rhône et le Gardon, au nord-ouest par les territoires actuels de Redessan, Manduel et Bellegarde.

L'acte d'inféodation du château de Beaucaire, de l'Argence, de St-Roman, etc., fait en 1214 par Michel de Mouriez, archevêque d'Arles, et Simon de Montfort, nous donne les limites de la terre d'Argence. Elle s'étend, dit cette charte, de Fourques à Clausonne, et de la roche de Gaudon « ad Patronos ». Les deux premiers noms, qui sont bien connus,

---

(1) Ces deux fonds ont été longtemps possédés par les chevaliers de St-Jean de Jérusalem ; ils formaient deux commanderies qui relevaient du grand prieuré de St-Gilles.

indiquent l'étendue du sud au nord. Les deux autres, qui le sont beaucoup moins, doivent indiquer l'étendue de l'est à l'ouest.

Pour la roche de Gaudon, il nous paraît évident que ce n'est autre chose que le versant occidental de la montagne qui s'étend le long du Rhône, de Margailler à Prémont, à s'en rapporter, du moins, au cadastre de Beaucaire qui indique, sous le même nom de Gaudon, le quartier situé au couchant de cette montagne. Ce quartier s'étend jusqu'au château de St-Montan, appelé autrefois Gaudiacus, Gaugiacus, Gaujac. Entre *Gaudiacus* et *Gàudo* la ressemblance est frappante, et quoiqu'il soit prudent de se défier des étymologies, on peut, sans trop de présomption, les rapporter tous les deux à la racine *Gaudium,* à raison des agréments de cette localité (1).

Reste à déterminer « ad Patronos ». Il faut nécessairement les trouver à l'opposite de Gaudon. Or, ce nom n'a laissé aucune trace sur le terrain et nous réduit aux conjectures. Comprendrait-on sous ce terme les églises des SS-Laurent et Vincent de Cannois et de St-Michel de Jonquières ? C'est une hypothèse ; mais elle est assez plausible en examinant la carte des lieux (2).

(1) Les *Arch. du Gard, G.* 1237, présentent d'autres formes du mot Gouidon. En 1341, la chap. de l'égl. coll. de Villeneuve-lez-Avignon, achète aux prieur et recteurs de la confrérie du S-Esprit de Beaucaire, au prix de 13 livres, une cense de deux sétiers de blé assise sur une terre du quartier « de Gaudelmono », territoire de Beaucaire. — Peu après, ledit chapitre achète à Pierre Guiraud des censives dues par des terres sises « in Gaudeno » au terroir de Beaucaire.

(2) On trouve, dans les *Insinuations ecclésiastiques du diocèse de Nîmes (Arch. du Gard, G,* 898), un bail consenti en 1607 par les officiers royaux, à Jean Fabre, apothicaire à Nîmes, d'une métairie située au terroir de Jonquières, et ayant appartenu à la chapellenie de « Tous-les-Saints » de N.-D. de Beaucaire. Ce nom de Tous-les-Saints n'a pas laissé de traces au cadastre de Jonquières, mais pourrait bien être le « ad Patronos. » — Plus anciennement, la chapellenie de « Tous-les-Saints » est déjà inscrite au compoix de Jonquières.

La fertilité du sol, le voisinage du Rhône, la proximité des grandes villes avaient de bonne heure rendu florissante cette terre d'Argence. Elle contenait de nombreux centres de population. C'étaient, en remontant le Rhône : Argence ; Fourques, avec son ancienne église de St-Martin ; *Salatianum*, Saujan ; *Adavum*, Adau, sur l'emplacement des ruines romaines découvertes, en 1841, à la brèche St-Denis ; St-Pierre de Camp-Public, avec son église des Templiers et sa belle tour quadrangulaire, dont les ruines, qui faisaient si belle figure, ont été abattues, en 1841, pour servir à la reconstruction de nos chaussées ; Beaucaire, s'appuyant au nord sur la roche de Gaudon ; Comps (1) ; St-Étienne de l'Herme ; *Barsanicœ*, Bassargues, village détruit, sur le territoire actuel de Montfrin ; et enfin, au nord Clausonne, qui était jadis un centre d'habitation, et n'est plus aujourd'hui qu'une agréable résidence.

En redescendant la carte vers le sud, on trouve *Medenœ*, Meynes ; St-Roman ; St-Vincent ; St-Laurent de Jonquières ; St-Paul *in Vallorciis*, dont le nom rappelle singulièrement celui de Valorsine, près du Mont-Blanc. On ne peut guère supposer qu'il y ait eu autrefois des ours dans les maigres bois de chênes verts de St-Paul ; peut-être, en cherchant bien, trouverait-on une autre étymologie plus en harmonie avec ces plantureux côteaux si fertiles en olives et en raisins. St-Paul-Valor, jadis village, n'est plus qu'une ferme et un *lieu dit*. Il fut donné par Raymond VII aux religieuses de St-Sauveur-la-Font de Nîmes (2), leur fut depuis enlevé, et leur fut rendu par saint Louis, dont le passage en ces lieux mêmes a laissé, avec une tradition, le nom de la Font-du-Roy.

(1) Ce nom, ainsi orthographié, est la forme habituelle du mot *comte* dans le roman provençal.

(2) L'acte réserve au donateur certains droits : « firmanciis, justiciis criminum et calvacatis ». La donation, du 20 févr. 1208, fut confirmée à Nîmes par Philippe-le-Bel, en févr. 1303. (Ménard, *Hist. de Nîmes*).

Citons encore, pour compléter cette nomenclature, les lieux ou villages d'Occisianus et de Raunessa. Occisain, qui était situé à l'est et à côté de Beaucaire, entre cette ville et Gaudon, a laissé à ce lieu le nom cadastral de Sisain. Raunessa a donné le sien au quartier actuel du cimetière. On dit aujourd'hui Rouanesse, et des étymologistes du crû ont trouvé dans ce nom les mots « *rura necis*, champs de la mort » ; explication très douteuse autant que latinité très contestable. M. Germer-Durand voit avec plus de raison dans Raunessa la corruption de Rhodanusia, ville grecque située sur les bords du fleuve Rhodanus, qui jadis suivait le long de ce côteau le tracé actuel du canal de navigation. La ville de Rhodanusia n'a pas eu une existence problématique ; il en existe des médailles.

Ainsi, Rhodanusia serait l'origine grecque de Beaucaire, comme Héraclée l'est de St-Gilles, et Ugernum serait le Beaucaire gaulois et romain. Cette division se retrouve encore dans la ville. Elle se partage en deux quartiers bien tranchés où les habitudes et le langage sont différents comme le nom : la *Condamine*, au nord-ouest, près de Rouanesse, serait issue de la colonie grecque ; le *Plant du Saule*, ou la ville nouvelle, construite plus tard au milieu des oseraies, serait l'Ugernum (*Vergan*, osier en provençal) gaulois. Au moyen âge, l'ensemble de la ville et du château prit nom « Belloquadrum. »

Un territoire, aussi peuplé que l'Argence, la plus riche peut-être des possessions qui ressortissaient d'Arles,

En tras tot lo poder que as Arlle s'aclina (1),

devait bien tenter la cupidité des seigneurs qui se partageaient

---

(1) Raimond Féraut, trouvère niçois du XIII° siècle, *La vida de sant Honorat.*

le pays. Ils la disputèrent constamment aux archevêques d'Arles. De là, pendant plusieurs siècles, des compétitions et des réclamations incessantes. On retrouve bien là l'état de la propriété au moyen âge, son entier morcellement qui ne s'arrête pas seulement à diviser le terrain, mais qui émiette les divers droits du tenancier et les place en diverses mains. Le flot des invasions barbares avait si longtemps battu le roc de l'unité romaine, qu'il l'avait détruit et avait formé de ses débris un sol nouveau, où chacune d'elles avait déposé son apport différent, ses coutumes propres et son droit particulier.

Au commencement du IXe siècle, l'Argence appartenait déjà aux archevêques d'Arles. Cependant les comtes d'Arles possédaient diverses propriétés enclavées dans ce territoire. Elles furent l'objet d'un échange qui fut approuvé, en 825, par Louis-le-Débonnaire, comme seigneur suzerain. Par cet acte, l'archevêque Noton cède au comte Leibulfe diverses propriétés situées au milieu de la terre d'Arles ; et en retour, le comte cède à l'archevêque d'autres propriétés, terres, vignes, jardins et maisons, le tout en Argence, et aux lieux ou villages de Raunesse, Salatian, Occisain et Gaujac.

Les comtes de St-Gilles étaient d'humeur moins accommodante que Leibulfe, et ce sont leurs compétitions que les archevêques eurent surtout à redouter. Ils s'approprièrent même, par la force, plusieurs possessions ecclésiastiques. C'est ainsi que Raymond IV, tout croisé qu'il fût, détenait injustement la terre d'Argence. En 1105, il fit son testament daté du Mont-Pèlerin en Syrie, et où on voit figurer comme témoins Bertrand Porcellet et Raymond de Baux, doyen de Posquières. Éclairé par les approches de la mort, touché peut-être par la vue des Saints Lieux, Raymond de St-Gilles reconnut sa culpabilité comme détenteur du bien d'autrui ; d'un autre côté, il avait le plus grand désir de ne pas priver ses héritiers de ces riches propriétés. Voici comment son testament tourne la difficulté :

Il commence par s'avouer « faible pécheur bien souvent coupable » ; puis, guidé par le repentir de tout ce qu'il a fait contre les droits de l'église d'Arles, il reconnaît que l'Argence tout entière lui appartient en droit. Si toutefois retenu trop encore par les liens du sang, il en laisse la plus grande partie à ses fils, c'est avec l'espoir qu'ils la restitueront eux-mêmes à St-Trophime et à St-Étienne, patrons de l'église d'Arles. En attendant, il rend, au moins, à cette église et à Gibelin, son vénérable archevêque, une petite portion de ce qu'il détient injustement, savoir : la ville de Fourques avec toutes ses dépendances, toutes les dîmes et toutes les églises de l'entière Argence, et quelques autres possessions ou droits (1).

On voit, par cet acte curieux, qu'au moment de mourir, le comte de St-Gilles trouvait le moyen de contenter à la fois sa conscience et son amour pour sa race et pour les biens de ce monde. Il rendait aux possesseurs légitimes une petite part de ses larcins, et pour le reste, il se dégageait assez lestement en laissant à ses héritiers le soin de le restituer. Ce singulier compromis prouve que l'on pratiquait déjà à cette époque la théorie du fait accompli. En l'appelant aujourd'hui du nom de droit nouveau, on a reconnu qu'il n'y a que la justice et la légitimité qui soient véritablement anciennes.

Malgré cette restitution, forcée et incomplète, les doléances et les réclamations des archevêques d'Arles ne cessaient de se faire entendre. En 1143, le comte Ildefonse déclare qu'il veut y mettre un terme par une convention réciproque. Dans des lettres (2) datées du chevet de l'église de St-Martin à Fourques, et où paraissent comme témoins les dignitaires du chapitre d'Arles et un Guillaume de Porcellet, le comte Ildefonse confirme la propriété de l'église d'Arles et de Raimond de

---

(1) *Gall. Christ.*, t. I, Eccl. Arelat., instr. XIII.
(2) *Gall. Christ.*, t. I, Eccl. Arelat., instr. XV.

Montrond, son évêque, sur les dîmes établies ou à établir en sa faveur ; quant aux biens des particuliers qui relèvent de l'église d'Arles, il déclare les tenir en fief de cette église et en fait hommage à Raimond. De son côté, l'archevêque laisse au comte la propriété de toute l'Argence en s'en reconnaissant le feudataire ; mais il en excepte tout ce qu'il possède en propre, tout ce que les particuliers tiennent de lui, et tous les droits des chanoines d'Arles. Il a bien soin d'ajouter que la convention ne sera valable de son côté qu'autant que le comte Ildefonse et ses successeurs l'observeront en ce qui les regarde.

On voit dans cet acte un exemple de ces stipulations éminemment bilatérales, qui sont si communes au moyen âge. Elles dénotent une tendance de la propriété à reconstituer son unité, après les profonds déchirements qu'elle avait éprouvés. Ceux qui se la partageaient encore, appuyant leurs droits les uns sur les autres pour leur donner plus de force, adoptaient de préférence cette forme de contrats.

Nous allons la voir reparaître dans l'inféodation de l'Argence et du château de Beaucaire faite par un autre archevêque d'Arles à Simon de Montfort. Déjà, en août 1178, l'archevêque Raimond III de Bolène, avait inféodé ces seigneuries aux comtes de Toulouse. — C'est ce même archevêque qui reconnut en 1183 les droits de Lantelme, abbé de la Chaise-Dieu en Auvergne, sur les églises contenues dans le château de Beaucaire.

Si l'église d'Arles traitait ainsi favorablement les comtes de Toulouse, princes âpres au gain et peu scrupuleux sur le choix de leurs moyens, à plus forte raison devait-elle avoir de grands égards pour Simon de Montfort, le héros de la croisade contre les hérétiques albigeois. C'est en 1214 que l'archevêque Michel de Mouriez acquitta la dette de l'église d'Arles. Dans un acte (1) fort long et fort curieux par les détails

(1) *Gall. Christ.*, t. I, Eccl. Arelat., instr. XXIII.

qu'il renferme, Michel donne au comte de Montfort le château de Beaucaire avec toute sa seigneurie et toute l'Argence. Il y comprend nommément le château de Fourques, Adau, le village de St-Pierre de Camp-Public, le château de Jonquières, la forteresse de la Redorte, et le château de St-Roman et de l'Aiguille. Il est à remarquer que St-Roman n'est plus qualifié de prieuré, bien qu'il le fût encore ; l'élément militaire ou seigneurial y avait déjà envahi l'élément religieux. La contexture de la phrase semble aussi indiquer quer que le pic de l'Aiguille était lui-même une position forte, ce qui est tout naturel, puisqu'il commande celui de St-Roman, qu'il dépasse en hauteur.

L'inféodation énumère aussi les différents droits qui sont attribués à Simon de Montfort, dans le territoire d'Argence. Cette nomenclature est intéressante à étudier, parce qu'elle retrace la physionomie du droit et le mouvement de l'impôt à cette époque. Ce sont les impôts en général — *Lesdas ;* les péages sur terre et sur eau ; les droits de pesage — *Quintale,* de mesurage — *Cordam,* de mensuration des terres — *Sextairale* (d'où *Sétérée) ;* les fours où les vassaux étaient obligés de faire cuire leur pain moyennant redevance ; la juridiction ou droit de connaître dans un rayon déterminé des procès et des délits ; la justice dans ses divers degrés de haute, moyenne et basse, ou le droit de juger et d'appliquer la peine — *Justitias ;* le droit de confirmer les conventions et actes publics — *Firmancias ;* le droit de faire reconnaître la suzeraineté — *Laudimia ;* le trézain ou la treizième partie du prix de vente que le vendeur était obligé de payer au seigneur du fonds vendu — *Trezenos ;* le demi-trézain qui, dans la coutume de Beaucaire (1), était supporté par l'acheteur ; le droit de battre monnaie et de percevoir certains bénéfices sur le

(1) *Recherches hist. et chron. sur la ville de Beaucaire* (par le marquis de Porcellet de Maillanes), 1718.

change. L'inféodation mentionne encore les marais, pâturages, terres cultes et incultes, et enfin les ports du Rhône et du Gardon. Nous ne croyons pas que le fougueux affluent du Rhône fût navigable au moyen âge ; mais il y avait sans doute à son embouchure un lieu d'arrêt et de débarquement qui devait être très avantageux pour le prieuré — ou le château — de Saint-Roman. Enfin, dépassant même les limites de l'Argence que nous avons déterminées plus haut, l'inféodation s'étend à tous autres droits ressortissant des diocèses voisins, parmi lesquels, bien que l'acte n'en parle pas, nous pouvons comprendre les églises et possessions de Saint-Roman hors de l'Argence.

En inféodant à Simon de Montfort, l'archevêque se réserve toutefois tous les anciens droits seigneuriaux de l'église d'Arles, les dîmes qu'elle perçoit en propre et toutes les revendications qui sont en instance à son profit. Nous remarquons parmi ces réserves le péage des chaussées, « *excepto pedagio de pilis (1) Bellicadri*. » C'était sans doute un revenu important, puisque alors les chaussées étaient la voie principale de la circulation.

De son côté, le comte de Montfort reconnaît tenir en fief de l'église d'Arles les propriétés cédées, et il en fait hommage-lige à l'archevêque. Il lui donne comptant 1,300 marcs d'argent, et s'engage pour lui et ses successeurs à lui donner annuellement, à la fête de St-Michel, cent marcs d'argent au poids de Montpellier.

---

(1) *Pila* est un de ces mots à plusieurs faces que l'on rencontre dans toutes les langues. Nous le traduisons par l'acception la plus probable. Il ne serait pas impossible aussi qu'il s'agît ici des carrières de pierre de taille de Beaucaire, qu'on appelle encore en provençal, *li pilièros*. En prenant même le mot « *pedagium* » dans le sens général de paiement, il s'agirait dans notre texte d'un droit sur l'exploitation de ces carrières. Du reste, le terme usité communément dans les chartes pour désigner les chaussées qui défendent l'Argence contre les inondations du Rhône, est le mot *Levata*.

Le comte s'engage aussi à conserver les possessions et droits des archevêques et des chanoines d'Arles, et au besoin à défendre à main armée leurs vies, précaution qui n'était pas inutile en ces temps troublés. De plus, il n'exigera des dits archevêques et chanoines aucun impôt dans les ventes de leurs biens, ni aucun péage sur le transport de leurs denrées et de celles qu'ils auront achetées pour leur usage.

Enfin, le comte de Monfort donnera un denier par livre sur la monnaie archiépiscopale qui sera frappée en Argence, et sur la nouvelle monnaie qui a cours à Beaucaire en quelque lieu qu'elle soit frappée. Cette clause a induit légitimement les historiens de Beaucaire à conclure qu'il y avait dans cette ville un hôtel des monnaies. En effet, le comte d'Armagnac, lieutenant du roi en Languedoc, rendit le 8 mai 1353 une ordonnance portant règlement sur cet hôtel des monnaies qui fut supprimé par Charles VII, en 1423 (1). Ajoutons que, par un privilège accordé par saint Louis, les habitants de Beaucaire étaient autorisés à recevoir pour leur commerce toutes les monnaies étrangères. Cette exception au droit public du temps était un avantage précieux, et ne dut pas peu contribuer à amener à la célèbre foire du pays des négociants de toute nationalité.

Tel est cet acte important de l'inféodation de l'Argence. Il fut passé à Beaucaire même. L'église d'Arles s'y dépouillait de presque tous ses droits sur ce territoire ; elle gardait à peu près seulement celui qui primait tous les autres et qui était le plus prisé au moyen âge : la suzeraineté

Cette antique suprématie de l'église d'Arles était si fortement enracinée dans le sol de l'Argence, qu'elle survécut même à l'existence propre de ce territoire ; et lorsque cette terre passa du comte de Montfort aux rois de France, on vit saint

(1) A. Eyssette, *Histoire de Beaucaire*.

Louis couronner cette vitalité par un acte si éclatant de déférence qu'il est unique dans l'histoire. Ne pouvant, à cause de la suzeraineté suprême dont la royauté l'investissait, rendre hommage-lige à l'église d'Arles, il le remplaça par une rente annuelle de cent livres, qu'il s'obligea à payer à l'archevêque Bertrand de St-Martin et à ses successeurs. Bien plus, pour que le véritable caractère de cette obligation royale fût encore mieux marqué, cet acte, daté de 1259, contient une autre stipulation : c'est que, si l'Argence venait à être possédée par un autre que par le roi de France, ce possesseur serait de nouveau tenu envers l'archevêque d'Arles de l'hommage réservé au suzerain.

Il serait assurément intéressant d'étudier à un point de vue plus général l'action de cette influence archiépiscopale sur les traditions et l'organisation de l'Argence. Nous ne serions pas éloigné d'y reconnaître les origines de la foire célèbre de Beaucaire, que dans le principe cette ville ne dut pas sans doute entièrement à sa position heureuse et à sa fidélité aux rois de France. Plusieurs détails des chartes que nous venons de parcourir, ces ports du Rhône et du Gardon, cette circulation active sur les chaussées, l'établissement à Beaucaire d'un hôtel des monnaies, ne semblent-ils pas indiquer, de la part de nos anciens archevêques, une préoccupation constante des intérêts commerciaux du pays ?

Quoi qu'il en soit de cette question, à laquelle nous espérons revenir un jour, l'Argence conserva encore longtemps un reflet de la suzeraineté arlésienne. Les biens de la ville de Beaucaire et terroir d'Argence furent déclarés allodiaux, le 20 avril 1690, par ordonnance des commissaires du roi pour faits de Domaines en Languedoc ; ils étaient dès lors francs, et le roi ne pouvait y exiger de reconnaissances que comme y ayant des directes en particulier (1).

(1) *Recherches hist. et chron.* du marquis de Porcellet.

Il existait aussi à Beaucaire, à la fin du siècle dernier, un souvenir, plus même, un démembrement de la suzeraineté des archevêques d'Arles. C'étaient quatre grands fiefs particuliers qui jouissaient encore alors du droit de justice. Notre St-Roman en était un ; les autres étaient St-Paul, Prémont et Margailler.

Le canton actuel de Beaucaire a fait partie de l'archidiocèse d'Arles, jusqu'au remaniement de circonscriptions opéré par le Concordat ; et il n'est pas hors de propos de rappeler ici, qu'en diverses circonstances de notre histoire, il s'est produit une sympathie réciproque entre les habitants de ces deux villes, dont l'union, comme on vient de le voir, remontait si haut.

VI

L'ARCHEVÊQUE GIBELIN

Avant d'entrer au cœur même de l'histoire de Saint-Roman, il convient de s'arrêter un moment à celle d'un de ces archevêques que nous venons de voir si puissants dans la terre d'Argence. Gibelin, XLIVe évêque d'Arles est, suivant toutes les probabilités, le même que ce Gibelin de Sabran qui figure comme témoin dans une charte de Raimond, comte de Toulouse, en faveur de saint André d'Avignon, en 1088. Les évènements importants auxquels il fut mêlé, l'influence qu'il exerça par son caractère et sa position, les rapports qu'il eut avec les souverains et les missions qui lui furent confiées par le Saint-Siège font de lui une grande figure historique, et suffiraient à commander l'attention, si, en outre, il n'avait pas eu une influence directe et décisive sur les destinées de Saint-Roman.

En 1094, il était déjà archevêque d'Arles, lorsque le souverain pontife lui donna à gérer, comme métropolitain, l'évêché vacant d'Avignon. C'est en cette qualité qu'il confirma les dîmes et jouissances des chanoines réguliers de cette ville.

Deux ans plus tard, il donna aux moines de Marseille un terrain à Tarascon pour y construire une église.

En 1097, il fit partie de la commission d'évêques que le pape charge de vider le différend qui durait depuis longtemps entre Saint-Victor et Psalmody. Ce fut lui qui prononça le jugement ratifié peu après par le Souverain pontife. Cette sentence était favorable à l'abbaye psalmodienne, qu'elle affranchit de toute sujétion à celle de Marseille.

Gibelin, sans doute, protégeait Psalmody ; car ce fut après lui avoir rendu son indépendance, qu'il augmenta ses possessions et lui joignit, en 1102, l'abbaye de Saint-Roman avec ses propriétés et dépendances, qui étaient fort considérables, et avec les églises qui lui appartenaient et que nous avons énumérées déjà.

L'influence de Gibelin grandissait. Il l'exerçait même de son siège épiscopal sur les résolutions des princes qui habitaient la Syrie, comme le prouve le testament — 1105 — du comte de St-Gilles, que nous avons vu être si plein de déférence pour l'église d'Arles et lui faire, à son lit de mort, une restitution partielle.

Cette influence s'etendait à plus forte raison sur les choses et les hommes du pays même. En 1106, Gibelin et ses chanoines reconnaissent, en faveur de l'abbé et des religieux de Mont-Majour, les églises de Saint-Roman et de Notre-Dame dans la vallée de Morières, avec leurs dîmes et privilèges. L'année suivante, Gibelin confirme l'élection de Béranger comme évêque d'Orange.

Mais bientôt une mission plus importante allait lui être confiée et couronner cette grande existence. Evremar, patriarche de Jérusalem, avait été dans cette ville l'occasion de désordres assez graves pour que le Saint-Siège dût s'occuper de les réprimer. Ce fut notre Gibelin qui fut chargé de ce soin. « Il était, dit Guillaume da Tyr, très avancé en âge ; néanmoins, et malgré les fatigues d'un voyage long et périlleux, il accepta cette mission avec un courage et un dévouement qu'on trouverait difficilement chez les hommes jeunes de notre temps. »

Arrivé en Terre Sainte, il réunit les avis des évêques du pays et déposa Evremar ; mais ce fut pour être chargé lui-même à sa place de la dignité de patriarche, tellement il

avait du premier coup gagné les cœurs. Son élection confirmée par le pape Paschal II, il écrivit aux évêques suffra-
gants, au clergé et au peuple d'Arles une lettre que nous a
conservée Bouche, l'historien de la Provence, et dans laquelle il montre un cœur à la hauteur de son grand esprit.

« Frères bien-aimés, leur dit-il, il faut que vous songiez à
vous élire un évêque selon Dieu. Et si celui que vous aviez
répondait mal à la grandeur de votre insigne Église, choisis-
sez-en un en qui la grâce de Dieu supplée à ce qui me man-
quait. Pour moi, je voulais vous écrire longuement ; mais en
pensant à votre affection, je sens venir des larmes au lieu de
paroles ; car lorsque je me rappelle de quel attachement vous
m'avez aimé, avec quels égards vous m'avez supporté, et
combien la noblesse de vos sentiments et de votre origine a
éclaté dans vos prières et votre amour pour moi, je ne puis
plus me réjouir en rien, et les pleurs sont devenus mon pain
du jour et de la nuit. Enfin, je vous en supplie, frères bien-
aimés, par notre ancienne affection, gardez mémoire de moi,
et que vos prières m'obtiennent de Dieu qu'il soit mon sou-
tien ici et ma dernière espérance. »

Nous n'avons pas hésité, bien qu'elle nous éloigne un peu
de Saint-Roman, à transcrire en entier cette épître, si élo-
quente dans sa simplicité. Elle fait apprécier combien et avec
quelle raison l'église d'Arles regrettait un tel pasteur. Le
coup qui la frappait fut si profondément ressenti que le pape
Paschal lui-même dut se faire son consolateur. Voici en quels
termes :

« Les évènements regrettables qui se sont passés à Jérusalem, vénérables frères, nous ont porté à y envoyer, comme
notre légat, Gibelin, votre archevêque. Il y a si bien gagné
tous les cœurs que le clergé et le peuple l'ont choisi pour
leur évêque d'un commun accord et par un vœu unanime.
Nous avons confirmé cette élection en faveur de ce peuple
depuis longtemps privé de la direction épiscopale. Nous nous

plaisons à vous le faire savoir, et nous vous exhortons en même temps à vous choisir au plus tôt un autre pasteur. Que notre décision ne vous soit pas trop triste ni trop dure : car Gibelin a été acclamé à Jérusalem avec tant d'entraînement que, même le voulant, il nous serait impossible de vous le rendre. »

Gibelin ne fut pas longtemps à la tête de l'église de Jérusalem ; il mourut peu d'années après. Ce ne fut pas sans avoir consigné dans un testament ses dernières volontés. Dans la portion de cet acte qui est parvenue jusqu'à nous (1), il remercie le roi Baudouin de la bienveillance qu'il lui a constamment témoignée, et il fait ses dernières recommandations aux chanoines du S.-Sépulcre touchant des questions de discipline ecclésiastique.

Tel fut l'homme éminent que nous allons rencontrer à Saint-Roman ; tel fut Gibelin, certainement un des plus grands évêques qui aient gouverné notre Terre d'Argence.

(1) De Rozière. *Cartulaire du S.-Sépulcre.*

VII

RÉUNION A PSALMODY

Quelle qu'ait été l'origine de l'abbaye de Saint-Roman, ses développements durent être rapides et importants. L'histoire ne nous en a pas laissé de traces directes ; mais au moment même où l'abbaye disparaît pour être convertie en prieuré conventuel, une charte précieuse en fait foi. A cette époque, notre abbaye a des possessions considérables, parmi lesquelles huit églises dans les environs, et sept autres dans des diocèses plus ou moins éloignés ; elle perçoit des dîmes et des redevances de toute nature ; elle est enfin maîtresse de la contrée. A cette suprématie de l'influence et de la richesse, elle joint les honneurs dus à une institution religieuse : le monastère est le rendez-vous de pieux pèlerins, et hommes et femmes ambitionnent d'y recevoir la sépulture. Sans doute, la foule était attirée en ce lieu qar le souvenir d'un grand homme, ou par les reliques d'un saint, ce qui est au fond une même chose : les reliques ne sont-elles pas de précieux sou-venirs, et les saints ne sont-ils pas les meilleurs des grands hommes ?

Mais, si prospère que fût l'abbaye de Saint-Roman, elle allait rencontrer une rivale qui devait l'absorber. L'abbaye psalmodienne avait été récemment affranchie de toute dépendance envers Saint-Victor de Marseille, et il était aisé de prévoir qu'elle étendrait dès lors au loin sa suprématie. Il est à croire qu'il existait des rapports antérieurs entre Saint-Roman et Psalmody : nous ne savons précisément de quelle nature ; mais ils donnèrent lieu à une contestation qui fut réglée par une charte de Gibelin, laquelle fut donnée, en 1102, dans l'église de Saint-Privat à Saint-Gilles (1).

Ce devait être une imposante réunion que celle des parties prenant part à cet acte. Représentons-nous l'archevêque Gibelin, qui la préside, entouré du sacriste, du doyen, du capiscol et des autres chanoines d'Arles ; d'un côté, l'abbé de Psalmody, Faucon, avec les religieux de l'abbaye ; de l'autre, Martin, abbé de Saint-Roman, avec ses moines Durant Foucault, Jean Long, Guillaume Albéric, Pierre Camod, Gaufroy Pastelle, et ses clercs Pierre d'Aganie, Pierre Benoît, Bille Guirauld ; enfin, comme témoins de l'acte, la noblesse des environs, le comte Bertrand ; le vicomte Rostaing Guilhem et ses frères Raimond et Alphant ; Pons, Guillaume et Pierre d'Aramon ; Raimond d'Aiguille (de Aquilia) ; Amaury Guillaud ; le comte Radulphe ; Baudulmont ; Pierre Balbe ; Rostaing Albéric, et le chevalier Pierre Guilhem de Beaucaire.

Gibelin, de l'avis et en présence des parties et des témoins, enlève à Saint-Roman son titre d'abbaye et le convertit en celui de prieuré conventuel ; il donne à Psalmody le nouveau prieuré avec tous ses droits et possessions : enfin, il dépose Martin de sa charge de prieur. Il fallait sans doute qu'il se fût passé quelque évènement grave dans le régime intérieur du monastère, pour qu'il fût aussi sévèrement traité. Cependant, l'archevêque at les témoins étant unanimes à reconnaître l'ancienneté de l'abbaye de Saint-Roman, où ont été abbés nommément Garnier et Roger, l'acte porte quelques mesures qui témoignent de la déférence accordée à cette ancienneté. Désormais, quand le prieur de Saint-Roman assistera au chœur à Psalmody, il occupera la première place du côté gauche, et de même au chapitre et au réfectoire ;

(1) *Gall. christ.* T. VI. Eccl. Nemaus. instr. XXI.

lorsqu'il siègera avec ses chapelains aux synodes de l'église d'Arles, il viendra le premier après l'abbé de Mont-Majour.

Du reste, le prieur de Saint-Roman gardera les honneurs de sa charge, le gouvernement de son église et les revenus de son prieuré. Il sera à l'avenir nommé par l'abbé de Psalmody; mais il recevra lui-même des moines et des clercs, pourvu que ceux-ci demandent la bénédiction de l'abbé et qu'ils se présentent à son obédience. Cependant, si le prieur venait à se mal conduire en quelque chose, il serait repris par l'abbé de Psalmody ; mais il ne pourra être déposé par lui qu'en présence de l'archevêque d'Arles.

Dans ce règlement de droits, Gibelin ne retient pour lui que ceux de déposition et de convocation aux synodes ; il abandonne tous les autres, même les émoluments qui pourraient lui revenir. Aussi, verrons-nous plus tard que l'église d'Arles n'avait sur Saint-Roman que la suprématie honorifique, et que les revenus ecclésiastiques du prieuré passèrent de Psalmody à une autre mense épiscopale, celle d'Alais.

L'archevêque Gibelin ne pouvait oublier ce qui tenait de plus près aux usages du temps et aux intérêts de Saint-Roman. Il a soin de recommander fortement au nouveau prieur de veiller à ce que la sépulture soit accordée à tous ceux qui l'auront demandée, excepté à ceux qui ont encouru l'excommunication. On n'avait pas alors inventé les enfouissements civils ! — On trouve encore à Saint-Roman la preuve de la pieuse coutume de nos ancêtres ; on y voit dans les chapelles les traces des sépultures, vides, il est vrai, et sans honneurs, et si les alentours du monastère n'étaient pas obstrués par les ruines, il est probable qu'on découvrirait d'autres tombes creusées dans le roc, comme on le voit aux Aliscamps d'Arles, à Sainte-Croix de Mont-Majour et ailleurs.

Il est certain que les concessions de sépultures, *mortalagium*, étaient pour Saint-Roman une source abondante de revenus. L'abbaye avait aussi accru beaucoup ses possessions par l'apport individuel des religieux à leur entrée dans le monastère. Gibelin décide que le prieur de Saint-Roman continuera à recevoir et à détenir dans la mense du prieuré les biens que les religieux apporteront à l'avenir. Ainsi, quoique soumis à Psalmody, le prieuré conservait sa vie propre par l'administration séparée de ses possessions. Le prieur eut aussi la gestion des biens des églises qui dépendaient de Saint-Roman, avec le droit de pourvoir à la nomination de leurs desservants pour l'exercice du culte.

L'acte de 1102 avait donc donné surtout à Psalmody une suprématie ecclésiastique sur Saint-Roman, et en même temps, il est vrai, une suzeraineté éventuelle sur ses biens, mais qui n'eut son effet que longtemps après. C'est le sens qu'il faut attribuer à la mention du nom de l'abbé de Psalmody dans une donation postérieure, faite à Saint-Roman par Raimond VI, comte de Toulouse, aux ides de septembre 1203 (1). Le libellé de cet acte porte que Raimond donne à Dieu et à Saint-Roman, à Bernard de Générac, abbé de Psalmody, à Guillaume de Clausonne, prieur de Saint-Roman, et aux moines présents et futurs de ce dernier monastère, toutes les justices du lieu et tènement de Saint-Roman. On sait que la jouissance du droit de justice était une marque de la suzeraineté. C'est donc la suzeraineté elle-même que les comtes de Toulouse donnent par cet acte à notre prieuré. Il n'est pas inutile de remarquer ce fait important, dont nous retrouverons les traces dans l'histoire postérieure de Saint-Roman.

Gibelin avait sagement fait en amoindrissant en apparence l'abbaye primitive. Il avait donné au prieuré, avec un titre moins relevé, une vie nouvelle, et nous pouvons regarder l'acte de 1203 comme l'apogée de la prospérité de Saint-Roman.

(1) *Gall. christ.* T. VI. Eccl. Nem. instr. XXIV.

VIII

REDEVANCES, POSSESSIONS

Quel était à ce moment le régime des biens de Saint-Roman ? Quelle était la nature de ses revenus ? Ils consistaient dans des redevances de plusieurs sortes, mais provenaient de deux sources principales : les unes, libéralités volontaires faites au monastère et aux églises qui en dépendaient, avaient le caractère de fondations pieuses ; les autres se rapportaient aux origines mêmes de l'impôt.

L'impôt, à la naissance de la société moderne, était loin d'être consenti par les contribuables ; il avait même dans le principe un caractère de violence sans fixité dans l'assiette. S'inspirant encore de l'épée du Brenn gaulois, les impôts dépendirent d'abord de la loi du plus fort, et des besoins urgents et momentanés du seigneur. Plus tard, avant de passer dans les lois et dans les mœurs, ils affectèrent la forme de contrats et amenèrent les inféodations. De là, dans le développement du principe de l'impôt, un double courant.

D'un côté, l'impôt de l'État. A mesure que le pouvoir se consolide et que son action se régularise, l'impôt dépouille sa coactivité ; il devient peu à peu prêt gracieux, don, subside, avant même d'être accepté par les assemblées politiques comme contribution aux charges publiques. Il est modéré, permanent, et prend des bases fixes.

D'un autre côté, l'impôt particulier dû aux seigneurs. Il ne tarde pas à se transformer en un véritable démembrement de la propriété. L'emphytéose, en effet, n'est qu'un bail perpétuel de l'usage et de la jouissance de la terre, à charge pour le preneur de donner au seigneur soit une portion des fruits, soit un service personnel, et de reconnaître sa suzeraineté à chaque changement de main. C'est par ce caractère d'obligation personnelle que le bail à fief se séparait nettement des autres redevances.

Celles-ci prenaient divers noms suivant leur nature. Ainsi, le *cens* était une redevance déterminée par l'étendue de la terre qui le supportait, quelque chose comme notre contribution foncière ; la *dîme* était le service annuel d'une portion des fruits, portion variable suivant les stipulations de la fondation, et qui consistait le plus souvent en la dixième partie. Lorsqu'elle en emportait le quart, elle s'appelait *quarton*. La dîme proprement dite était ordinairement affectée aux institutions religieuses, et, perçue par un seigneur laïc, elle prenait les noms de *tasque, agrier* ou *champart*.

Il faut bien remarquer que l'abbé de Psalmody et, par lui, le prieur de Saint-Roman, jouissaient à deux titres différents des redevances dont nous venons de signaler les particularités. Comme seigneurs, ils pouvaient inféoder, et comme religieux décimateurs, ils jouissaient d'un revenu qui paraît avoir été considérable. Le procès de la plaine Saint-Roman, que nous verrons, presque de nos jours, rouler entièrement sur cette double qualité et sur sa distinction, nous fournit des documents où nous pouvons apprécier sur quelles bases étaient établis les droits féodaux et les dîmes de Saint-Roman.

En 1207, Pierre et Guillaume de Gravaison, vendant à Guillaume Rozel une vigne au Clos-d'Argent, réservent les droits de l'église de Saint-Roman, savoir : le *Dominium-laudimium*, ou l'hommage féodal, et la moitié des fruits. En 1230, Bernard de Bosco, prieur de Saint-Roman, inféode une terre sur les bords du Rhône, et stipule que le preneur lui consentira, outre les honneurs et les émoluments du *Do-*

minium-laudimium, une tasque et dîme du quart des fruits, pareille à celle qui se perçoit sur d'autres terres, aussi sur les bords du Rhône, au quartier de Lamounard. En 1262, dans un *losime* d'une vigne, la dîme est fixée au huitième des fruits. D'autres reconnaissances, — toujours pour des fonds du même ténement, — de 1263, 1294, 1321, 1323, 1489 et 1490, nous la montrent établie au quart, au huitième, au quinzième, au vingtième. Enfin, en 1500, une vente d'une terre, au terroir de Coquillade, attribue à Saint-Roman le quarton. Dans la plupart de ces actes, les dîmes sont déclarées portables au monastère même, et le prieur stipule, par lui seul, qu'il les recevra de sa personne.

Il n'en est pas tout à fait ainsi dans d'autres reconnaissances de 1490 passées à Beaucaire en l'étude de Mᵉ Guillaume Agulhe, en présence d'un autre notaire du nom de Victor Margotti et de plusieurs témoins, parmi lesquels se rencontre messire Jean de Forton (Johanne Fortoni), moine et official de Beaucaire. Ces reconnaissances sont faites au nom du Révérend Père messire l'abbé de St-Pierre de Psalmody, prieur et seigneur de Saint-Roman de l'Aiguille, représenté par le moine Jacques Aubert, comme il conste de sa procuration reçue Mᵉ Jean Carrière, notaire à Massilhargues. Sans doute, à cette époque, il y avait vacance dans le priorat de Saint-Roman, et l'abbé de Psalmody trouvait bon d'appliquer son droit de prélation. La plupart des particuliers qui reconnaissent sont des travailleurs de professions diverses ; on y voit figurer, entre autres, le manœuvre de travaux des champs à prix-fait, *affanator;* le jardinier, *hortolanus ;* le maraîcher, *olerius ;* le berger, *overiguerius ;* le nourrisseur de bestiaux, *noyriguerius ;* mais on y trouve aussi le nom de noble Henri de Bordic, que sa qualité n'empêchait pas de reconnaître comme les autres, du moment qu'il tenait en fief une terre du seigneur de Saint-Roman. Quant à la fixation de la dîme, elle est, dans tous ces actes, faite au quinzième ; et de plus les feudataires sont tenus, sans parler du *Dominium-laudimium*, du treizain et demi treizain, à un cens de quatre ou de deux deniers tournois par *carteriata* ou cétérée de terre.

Possédant des intérêts aussi nombreux et aussi compliqués, les prieurs de Saint-Roman devaient éprouver la vérité du vieux proverbe : « Qui terre a, guerre a. » Alors, comme aujourd'hui, les tenanciers n'avaient pas de scrupule à diminuer dans leurs déclarations la somme des récoltes, afin d'atténuer d'autant les redevances. C'est, du reste, ce que nous démontre un compromis (1) passé, le 1ᵉʳ mars 1275, devant l'église de la bienheureuse Marie de Comps, par le notaire Barthélemy Sticholay, en présence de Chabaud Sticholay, de Jacques Garuel et des Frères Cordeliers Restreindre et Jacques Reimbert. Il paraît que divers tenanciers de Saint-Roman avaient eu maille à partir avec le prieur messire Pons Jourdany, au sujet du paiement de la dîme. Il fut convenu entre le prieur et ces fermiers représentés par deux d'entre eux, Rostaing de Comps et Bernard Almaric de Vallabrègues, qu'ils s'en rapporteraient à la décision de l'habile homme Pierre Silvy. C'est cet arbitrage qui fait l'objet de l'acte de 1275. Les décisions de l'arbitre sont acceptées et homologuées par les parties ; mais il faut reconnaître qu'elles font un médiocre fonds sur leur bonne foi. On peut en juger par les précautions dont l'expert s'entoure. Il fixe la dîme au vingtième ; mais il oblige les fermiers à dire au prieur la vérité sur ce qu'ils auront récolté, et si, par artifice ou par malice, quelqu'un des possesseurs ne donnait pas la vingtième partie, le prieur pourra, sans aller contre le compromis, exiger la quinzième partie, que les fermiers seront tenus de lui donner. Réciproquement, si le prieur ne se jugeait

(1) Nous devons communication d'une traduction de cet acte à M. l'abbé Donat.

pas content de la vingtième partie, et qu'il fît un procès pour
obtenir davantage, alors les fermiers pourront lui donner seulement la vingt-cinquième partie. — Voilà des gens bien
avertis de part et d'autre.

La fréquence de pareilles contestations et la différence du
taux de la dîme tenaient, non-seulement à la diversité des
conventions primitives, mais aussi à la diversité du sol. Il
était très fertile sur les îles et créments du Rhône ; un peu
moins déjà sur les rives du fleuve, nommées Coquillade, au-
dessus de Prémont, et le Limaçon, le lieu même où est aujourd'hui la machine élévatoire des eaux de Nîmes. Le terrain était de moins grande valeur dans la plaine de Saint-
Roman, plaine très montueuse complantée de vignes et d'o-
liviers qui s'étendait des bords du Rhône au-delà du monastère, jusqu'aux lieux dits la Tapie, Roquemarteau, Lieutond
et le creux de l'Orgue. Les alentours du monastère s'appelaient le Dextre de Saint-Roman. Le dextre qui entourait
les églises au moyen âge, était un espace de terrain jouissant
de certains droits, comme d'être un lieu d'asile. Le Dextre de
Saint-Roman devait être quelque chose d'analogue, ou seulement une portion plus particulièrement réservée du ténement,
un devès, — *devesium, defensum,* — où les droits du seigneur étaient affirmés dans toute leur plénitude et journelle-
ment pratiqués.

Outre les terres inféodées ou affermées, Saint-Roman possédait encore de vastes espaces en friche, *Garrigiæ, Herma-
sii, Explechæ,* bois ou pâtures qui donnèrent lieu à des débats
avec la communauté de Beaucaire.

Cette ville jouissait de différents privilèges qui lui avaient
été accordés par les comtes de Toulouse et par les rois de
France, et dont le marquis de Porcellet nous a conservé un
transumpt fait par Jean de Marimont, garde du petit scel de
Montpellier. Ces privilèges, dont quelques-uns étaient très
importants, étaient gardés par nos ancêtres avec un soin ja-

loux qui dénotait de leur part un véritable esprit municipal
dont nous sommes, il faut l'avouer, bien éloignés aujour-
d'hui.

Par le troisième de ces privilèges, les habitants de Beaucaire avaient le droit d'empêcher le bétail étranger de venir
dépaître sur leur territoire ; en cas de transgression, de le sai-
sir et de le confisquer au profit, pour la moitié, des défenseurs spéciaux des pâturages par eux institués, et pour
l'autre moitié, de l'entretien des chaussées et autres travaux publics. Le septième privilège accordait aux habitants d'être crus sur leur serment, quant au fait des dommages occasionnés par ces dépaissances frauduleuses ; la valeur des dommages était appréciée par des fonctionnaires
d'un autre ordre, les estimateurs jurés. De plus, le possesseur du troupeau indûment introduit, était condamné à une
amende par le fermier du ban, lequel, par parenthèse, ne
pouvait instrumenter que muni du bâton fleurdelisé, insigne
de ses fonctions.

Les droits de dépaissance ou de pasquerage de la Communauté s'étendaient jusques sur le territoire de quelques communes voisines, sans réciprocité, bien entendu ; ils affectaient
même les pâturages des fiefs particuliers du pays, et les terres
cultivées de ces fiefs, les récoltes une fois enlevées. Saint-
Roman n'était pas exempt de cette servitude, et le prieur ne
pouvait même tenir en propre sur son terrain au delà d'un
nombre déterminé de têtes de bétail. Une ancienne transaction avait ainsi limité ses droits de propriétaire, pour l'empêcher d'augmenter ses troupeaux au point de rendre illu-
soire la dépaissance sur son fonds du bétail du pays.

Cette transaction est sans doute celle qui intervint, en 1268,
entre des commissaires nommés par St-Louis et la commune
de Beaucaire, et qui termina un grand procès, engagé entre
celle-ci et le prieur de St-Roman, pour des questions de pa-
cage et de limites. Le sénéchal de Saulx-Bernard, qui rendit

la sentence finale, adjugea aux habitants de Beaucaire l'usage de faire paître leurs bestiaux dans le ténement de Saint-Roman, tout en réservant au prieur le droit de défricher ou faire défricher, quand bon lui semblera, les hermes qui lui appartiennent.

Les choses étaient ainsi réglées lorsque, en 1371, le prieur enfreignit les droits de la Communauté, en autorisant, par une convention expresse, un certain Hugues Garnier, marchand de bœufs de Vaubris en Auvergne, à faire dépaître son bétail sur le terroir du prieuré. Grande émotion à Beaucaire quand on apprend cette entreprise qui dure depuis plusieurs jours déjà. Les défenseurs des pâturages, accompagnés de plusieurs personnes de tout rang, se transportent sur les lieux, saisissent le bétail au plan de la Font-Couverte, près Jonquières, et le confisquent bel et bien. Mais Garnier ayant représenté qu'il ne connaissait pas les usages du pays et qu'il avait été trompé par le prieur, on en vint à un accommodement. Par une transaction passée, le 21 décembre 1371, devant Bernard Jean, notaire de Beaucaire, entre Hugues de Montalban et Jacques Enguilbert, défenseurs du rang des nobles, Jean Pelet et Bérenguier Alphant de celui des bourgeois, d'une part, et ledit Garnier d'autre part, il fut convenu que, moyennant une somme de cent francs d'or que ce dernier payerait, son troupeau lui serait restitué. L'histoire n'ajoute pas si le prieur n'eut pas maille à partir à ce sujet avec le bannier qui, comme tous les fermiers, ne devait pas être de nature à trop s'attendrir.

Tous ces détails sont peut-être un peu longs; mais ils ont le mérite de nous faire voir en action l'esprit patriotique de nos ancêtres dans les plus petits intérêts. Ils témoignent aussi de la valeur qu'on accordait à l'élevage des bestiaux et nous laissent à penser si la profession de *noyriguerius* était alors lucrative.

IX

SÉCULARISATION

Nous avons essayé jusqu'ici de retracer l'histoire de Saint-Roman comme abbaye et comme prieuré. Nous allons maintenant la voir changer de face, par l'introduction d'un élément nouveau. Pendant de longs siècles les monastères, fidèles à leur principe et à leur but dans le plan divin, s'étaient occupés de leurs devoirs envers Dieu et envers les hommes ; ils étaient des instruments de prière et de civilisation. Faut-il le dire ? Peu à peu ils se relâchèrent de leur première ferveur, et s'attachèrent trop à ces biens de la terre que nous venons de voir jouer un rôle prépondérant dans leur existence. Un souffle nouveau avait passé sur eux avec un nouvel esprit. La société moderne, dont ils avaient été longtemps les tuteurs et les initiateurs, avait peu à peu senti s'adoucir le sang bouillant que les invasions des barbares lui avaient infusé ; mais elle en avait retenu une liberté d'allures que le monde ancien ne connaissait pas. Devenue majeure, et une fois émancipée, à quelles folies n'allait-elle pas se livrer ! Aussi, semble-t-il aujourd'hui à beaucoup de bons esprits qu'il y a eu de l'exagération dans le mouvement intellectuel qu'on a appelé, assez improprement, la Renaissance. Les lettres, les arts semblèrent, il est vrai, renaître : il faudrait, plutôt et mieux, dire se vulgariser ; car le goût du beau et des choses de l'esprit ne s'était jamais éteint dans les cloîtres, qui nous l'ont conservé et transmis. On doit aussi regretter qu'à cette rénovation appa-

rente se soit mêlé un penchant trop prononcé pour le sensua-
lisme païen. Quoi qu'il en soit, le sentiment des lettres et
des arts devint à cette époque plus vif et plus général, et
l'excitation qu'il produisit au sein de la société y prépara
une tendance à l'indépendance, qui devait fausser la voie où
le christianisme l'avait conduite jusqu'alors, et retarder pour
un long temps les progrès de la lumière évangélique.

Ce mouvement du siècle pénétra dans le cloître, et, favorisé
par le bien-être et la vie facile qu'il y rencontra, y fit de rapides progrès. Les moines, les chanoines réguliers, oubliant
les exemples des Cassien, des Romain, se lassaient partout
des observances monastiques. Ce désir général d'une vie plus
commode aboutit à la sécularisation de presque tous les corps
religieux. Un de nos rois qui semblait tenir à la fois au monde
passé et au monde nouveau, François premier, ce prince
si chrétien par les sentiments chevaleresques, si païen par les
mœurs et les tendances, favorisa de tout son pouvoir cette
fièvre d'indépendance. Les Etats du Languedoc, nous dit
dom Vaissette, s'émurent au point qu'ils firent au roi des
remontrances au sujet de ces trop nombreuses sécularisations,
qui leur semblaient, à juste raison, précipiter le relâchement
de la discipline ecclésiastique.

Mais ces doléances ne furent pas suivies d'effets. Le mouvement, au contraire, s'accentue et se généralise. Dans nos
pays, Saint-Gilles est sécularisé en 1538, le chapitre de Nîmes
en 1540. Psalmody avait déjà sollicité et obtenu en 1537 cette
faveur du pape Paul III par l'entremise de François premier.
Ses abbés ne résidaient plus, et le dernier d'entre eux avant
la sécularisation, Réginald de Martigny, était en même temps
évêque de Vabres.

Une fois sécularisés, les moines psalmodiens eurent hâte
de quitter leur antique et vénérable abbaye. Ils se retirèrent,
ob intemperiem aeris, à Aiguesmortes, où l'air n'était guère
moins malsain, mais où la bulle de Paul III fixait leur nou-

velle résidence, l'abbaye ayant été transformée en chapitre collégial. D'ailleurs, Psalmody avait eu la suzeraineté d'Aiguesmortes, et le chapitre en demeurait le décimateur. Ses rerevenus étaient assez considérables pour que le doyen eût annuellement de 18 à 20,000 livres, sans compter les émoluments des autres chanoines, fort nombreux. Ainsi, le chapitre qui succédait à l'abbaye, s'il n'en gardait pas l'esprit, conservait au point de vue temporel une réelle importance. Outre l'abbé-doyen, il se composait d'un prévôt, un archidiacre, un chantre, un sous-chantre, quinze chanoines majeurs et douze mineurs (1). Enfin, une psallette de dix musiciens et quatre enfants de chœur, rappelait, avec la transformation que l'art musical subissait lui-même à cette époque, les antiques traditions qui avaient présidé à la vie de Psalmody et lui avait donné son nom.

Cependant l'abbaye, désertée et solitaire dans sa lagune, allait voir consommer sa ruine. Moins heureuse qu'après les déprédations sarrasines, elle ne devait plus espérer de résurrection. Les religionnaires, cet autre produit de l'esprit nouveau, fondirent sur ces restes imposants de l'esprit ancien, et s'acharnèrent à leur œuvre de destruction. Nous engageons beaucoup ceux qui vantent si haut les conquêtes des réformes et des révolutions, à aller voir sur place ce qui reste de Psalmody, un pan de mur et des pierres éparses. Peut-être seront-ils amenés à penser que l'esprit d'examen n'a pas fait seulement des ruines matérielles.

Les doyens du chapitre d'Aiguesmortes n'en continuèrent pas moins à porter le nom sonore d'abbés de Psalmody. Mais

Quantùm mutatus ab illo!

ils cédaient à la mode de l'absentéisme et ne craignaient pas

---

(1) Di Pietro, *Hist. d'Aiguesmortes.*

de se mêler aux intrigues politiques du temps. Un d'eux, Barnabé de Fayolles, se trouvait en 1566 à Paris, où il passait pour servir les intérêts du connétable de Montmorency.

Le chapitre d'Aiguesmortes ne devait avoir qu'une existence transitoire. En 1693, Louis XIV crut pouvoir arrêter les progrès de la religion réformée dans les Cévennes en créant à Alais un nouveau siège épiscopal. Cet évêché fut érigé par une bulle d'Innocent XII du XVIe des calendes de juin 1694. Le premier évêque d'Alais, François Chevalier de Saulx, avait demandé au roi de joindre à sa mense épiscopale l'abbaye de Psalmody; et Jean (*aliàs* Louis) de .Calvière, qui en fut le dernier abbé, avait déjà abdiqué en 1689 en faveur de la dotation du nouvel évêché. Le chapitre collégial d'Aiguesmortes devint ainsi chapitre cathédral d'Alais. Parmi les noms des chanoines transférés, nous remarquons celui de Louis Joseph de Conseil, dont un ancêtre avait joué à Saint-Roman un certain rôle, ainsi que nous le verrons bientôt.

Si nous avons ainsi suivi jusqu'à Alais les dernières traces de Psalmody, ce n'est pas sans raison ; car l'histoire de Saint-Roman se lie à celle des évêques d'Alais ; et ceux-ci, comme successeurs des droits de l'abbaye psalmodienne , continuaient à dîmer sur le territoire de notre prieuré. Les lettres patentes de 1796, qui leur avaient attribué cette jouissance, avaient même dû leur donner des droits fort importants ; puisque nous voyons, en 1750, l'évêque d'Alais réunir son chapitre et se fonder sur ces lettres patentes pour lui demander de l'aider à revendiquer « le château, place, terre et seigneurie de Saint-Roman d'Aiguille-lès-Beaucaire, qui font partie dudit prieuré, et ont passé en des mains étrangères ; avec d'autant plus de raison que l'objet est très considérable, puisqu'il fait le quart de la dotation de la mense épiscopale. » (1).

(1) Arch. du Gard, G. 750.

Qu'était cependant devenu Saint-Roman pendant ces trans-formations de Psalmody ? Il eut aussi les siennes. Il fut d'a-bord sécularisé en 1537 avec l'abbaye dont il dépendait, et de prieuré conventuel devint simple prieuré séculier. La bulle de sécularisation en attribua la propriété au nouveau chapitre, et le sépara entièrement de la mense de l'abbé. Ce dernier reçut en dédommagement les revenus du prieuré de St-Saturnin de Nissan, au diocèse de Narbonne. Mais l'abbé commendataire, Jean de Luxembourg, fit grand bruit qu'il était fort lésé, et que la bulle avait été exécutée à son inscu. Toutefois il se laissa volontiers apaiser et passa avec le cha-pitre une transaction en 1538 (1).

Les abbés continuèrent à se plaindre d'avoir été dépouillés des revenus de Saint-Roman. Ces querelles incessantes ame-nèrent les transactions de 1552, 1571, 1606, 1651 et 1685. Celle de 1571 attribua à l'abbé les revenus du prieuré de Das-sargues, près Aiguesmortes, se montant à 700 livres, et ce fut « en récompense de celui de Saint-Roman, bien que ce bénéfice ne soit pas d'un aussi grand revenu que Saint-Ro-man. »

Les religieux de Psalmody n'avaient pas sans motif poursuivi la séparation de Saint-Roman de la mense abbatiale ; il leur importait fort d'en avoir la libre disposition. Ils avaient at-teint leur but en obtenant la sécularisation, mais ils l'a-vaient payé à un haut prix ; ce n'était pas sans des négo-ciations longues et dispendieuses qui laissèrent un vide dans leurs ressources. Pour le combler, ils eurent recours à l'alié-nation de quelques-unes de leurs propriétés. Saint-Roman fut sacrifié le premier. L'année suivante, et le 14 juin 1538, ils l'échangèrent avec François de Conseil, habitant d'Aigues-

(1) Arch. du Gard.

mortes, contre une maison située en cette ville qu'ils destinaient à y bâtir une église, et contre d'autres fonds.

Le chapitre toutefois réserva les dîmes que le prieur de Saint-Roman percevait sur le ténement ; elles furent attribuées au chapelain qui devait continuer le service religieux et porter le titre de prieur. Nous verrons dans le cours de cette étude comment cette clause fut observée. — Mais la propriété du fond et les prérogatives seigneuriales furent dévolues aux Conseil qui, dès lors, s'intitulèrent seigneurs de Saint-Roman.

Cette famille était ancienne ; elle a trouvé place dans les Jugements de M. de Bezons sur la noblesse du Languedoc. Elle possédait déjà la seigneurie de la Condamine de Sommières et de Terreneuve en Languedoc (1) ; elle portait pour blason d'or à trois corneilles de sable. Le nouveau seigneur de Saint-Roman fut, en 1544, commissaire du roi à l'assiette du diocèse d'Agde (2). C'est lui qui, l'année même de l'acqnisition de Saint-Roman, reçut Charles-Quint et François premier dans sa maison d'Aiguesmortes, maison d'une architecture élégante et qui est encore une des curiosités de cette ville.

Il est à remarquer que, dans la notice des Jugements de M. de Bezons sur les Conseil, la seigneurie de Saint-Roman est qualifiée de baronie. En 1728, un bail cité dans le procès de la Plaine appel.e aussi le propriétaire de Saint-Roman seigneur baron. Ce sont les deux seules fois où nous ayons rencontré l'attribution de ce titre à la seigneurie de Saint-Roman. On sait du reste que la seigneurie n'entraînait pas nécessairement un titre, de même qu'on peut être d'une bonne noblesse sans avoir accolé à son nom ce « de » qu'on appelle parfois, faussement, *la particule nobiliaire*. Après l'acqui-

(1) Pithon-Curt, *Hist. de la nobl. du Comt. venaiss.*
(2) *Pièces fugitives* du Mis d'Aubais.

sition de Saint-Roman, les Conseil se fixèrent à Beaucaire,
où leur dernier représentant, ancien militaire, est mort en
1800.

Les nouveaux seigneurs de Saint-Roman exerçaient la justice complète dans l'étendue de leur territoire. Ils pouvaient
même appliquer des confiscations et des condamnations pour
crimes, à la réserve toutefois des cas royaux. On voit, par une
information de 1688 pour la confection du papier terrier, que
le roi était seigneur direct haut, moyen et bas, de la ville et
terroir de Beaucaire ; à l'exception que, dans ledit terroir, il
y avait les quatre fiefs particuliers dont nous avons parlé,
Saint-Roman, Saint-Paul, Prémont et Margailler. Cependant, les propriétaires de ces fiefs étaient assujettis à reconnaître la suzeraineté royale. On trouve en effet deux homma-
ges rendus au roi pour le château de Saint-Roman, l'un du 3
août 1538, l'autre du 1er juin 1612.

ೞ ೞ

X

FAITS D'ARMES

Entre les mains des Conseil la physionomie de Saint-Roman change de face, et l'aspect monastique cède la place à
l'aspect militaire. Créneaux, tours, fossés, une double enceinte, une situation qui commandait les environs et permet-
tait d'apercevoir de loin les mouvements de l'ennemi, tout
cela faisait de Saint-Roman une position stratégique qui n'é-
tait pas à dédaigner. Aussi, lorsque les religionnaires com-
mencèrent à diriger leurs courses de ce côté, les catholiques,
qui étaient en grande majorité dans le pays, se hâtèrent-ils
de l'occuper. Le 14 septembre 1575, H. de Montmorency,
gouverneur du Languedoc, écrivant de Lunel aux députés du
diocèse de Nîmes, leur reproche de ne pas entretenir au château de Saint-Roman la garnison complète qu'il y a ordon-
née ; il les engage à y pourvoir et à ne plus exposer le capitaine Nicolas, commandant du château, à se plaindre ; il attache une grande importance à la place et château de Saint-Roman (1). Nous trouvons dès lors le fort de Saint-Roman com-
pris dans l'état des sommes que le diocèse de Nîmes paie tous
les trois mois pour frais de garnison, en 1576-1581 (2). On y
voit figurer Nîmes pour 100 hommes, 2,913 livres ; château de

(1) *Invent. somm. des Arch. du Gard*, de M. de Lamothe. C, 635 ;
Procès-verbaux de l'assemblée de l'assiette du diocèse de Nîmes.

(2) Ménard, *Hist. de Nîmes*, t. V, preuves.

Beaucaire, 3,219 livres ; ville de Beaucaire, pour 5o hommes, 1,435 livres ; forts de Fourques et de Saint-Roman, 441 livres. Saint-Roman, avec une dizaine de soldats, n'était pas sans doute une place forte ; mais c'était surtout un poste d'observation qui avait son importance.

Nous ne savons si ce fut à la demande du seigneur de Saint-Roman que ce classement fut opéré, ou s'il subit malgré lui une occupation forcée ; mais il est certain qu'il n'eut pas lieu d'être satisfait de la présence d'hôtes incommodes et qu'il résolut de s'en débarrasser.

L'entreprise était difficile ; son crédit trop faible pour la faire réussir en parlementant. Il résolut donc d'employer la ruse et de ne devoir son indépendance qu'à lui-même. François de Conseil, que les récits du temps appellent Nicolas de Saint-Roman, appartenait à une famille catholique, et il ne pouvait songer à se défaire par lui-même de ses coreligionnaires. Mais, comme il n'avait pas pris dans les divisions du moment un parti bien dessiné, il pouvait faire des ouvertures secrètes aux calvinistes, simuler une tendance à embrasser leurs doctrines et leur cause, et leur fournir l'occasion de s'emparer du château. Puis, quand les protestants seraient chez lui, il aviserait au moyen de les expulser, ce qu'il ne pouvait exécuter directement vis-à-vis d'une garnison catholique. En somme, par ses ennemis se débarrasser de ses amis, et de ses ennemis par lui-même ; c'était là tout son plan. Il était aussi audacieux, mais plus machiavélique, que la fière devise italienne que Conseil connaissait peut-être :

> Di chi mi fido, guarda me, Iddio !
> Di chi non mi fido, me guardero, io.

Conseil s'abouche donc avec les calvinistes et finit par leur persuader qu'il est entièrement converti au protestantisme et qu'ils peuvent compter sur sa fidélité. Il convient avec eux

qu'ils s'empareront du château par escalade et leur donne toutes les instructions nécessaires.

Au jour fixé, une bande commandée par le capitaine Mingette arrive inopinément. Elle est conduite par deux hommes
déterminés qui étaient dans le secret du seigneur de Saint-
Roman, le sergent Roche, de Meynes, et Rivière, dit le Rat,
de Beaucaire. Ces deux hommes guident la petite troupe par
des chemins détournés, lui indiquent le point faible du château, et l'aident avec une fourchette de fer à lever les échelles.
La garnison catholique, prise au dépourvu, ne peut se défendre, et est bientôt mise en fuite. Les calvinistes occupent donc
Saint-Roman, et y laissent habiter le seigneur Nicolas avec
sa famille et ses gens. Ils lui devaient bien cet égard.

La première partie du plan avait réussi. Mais c'était la plus
facile, et la seconde devait coûter la vie à Conseil. Cependant il continue de poursuivre ses visées. Les nouveaux occu-
pants ne sont pas moins désagréables que les précédents,
mais il faut patienter. Conseil vit avec eux sur le pied de la
plus grande intimité, et gagne à ce point leur confiance, que
le capitaine Mingette ordonne à ses soldats de respecter le
seigneur Nicolas, et même, au besoin, de recevoir comman-
dement de lui. Roche et Rivière continuent à aller, à venir,
à coucher au château ; on ne pouvait se défier d'eux puisqu'ils avaient aidé à la prise de la place. Mingette est tellement sûr de son hôte qu'il donne aussi l'entrée à un ami de
Conseil, Thomas de Cassole, de Beaucaire ; celui-ci, du reste,
partisan déclaré de la réforme et faisant tache au milieu de
la noblesse du pays, fidèle à sa foi.

C'est à l'aide de ces trois hommes dévoués à sa cause que
Conseil va tenter d'exécuter son projet. Le samedi 2 août
1574, le capitaine Mingette et son lieutenant ont quitté le
château pour aller vaquer à Nîmes à leurs affaires. Entre
trois et quatre heures la plupart des soldats, inoccupés, sont

sortis du château. C'est le moment que choisissent les con-
jurés, après s'être réconfortés par une collation.

Conseil et Cassole, armés chacun d'une pistole, Roche
d'une épée, et Rat d'une épée et d'un bâton garni de fer
appelé langue de bœuf, se précipitent dans le lieu dit le cloître, où se trouve la sentinelle, aux cris de : Sus ! Poltrons,
dehors ! et autres semblables. Conseil tire une pistoletade
sur la sentinelle, mais le coup dévie, et passant sous son bras
gauche traverse seulement son pourpoint et sa chemise. Le
caporal André n'a que son épée, mais il fait bonne conte-
nance, et pendant que les assaillants s'occupent de lui, la
sentinelle se dégageant va ouvrir la seconde porte de l'enceinte que Conseil avait fermée seulement en dedans. Les
huit soldats qui étaient dehors avaient entendu l'explosion
d'une arme à feu, et entrent incontinent. A la vue de ce ren-
fort, les assaillants s'écrient : Nous sommes morts ! et quit-
tent le lieu du combat pour chercher leur salut dans la fuite.
Conseil, en se défendant, porte encore au soldat Tutelle, de
Nîmes, un coup d'estoc qui le laisse mort sur le carreau.

Conseil et ses amis se réfugient de la grande salle dans une
chambre qui prend vue du côté du Rhône, et à l'aide d'une
couverture que tient la sœur de Conseil, ils tentent de s'é-
chapper par la fenêtre. Le saut était périlleux ; Conseil le
tente le premier et se tue en tombant. Cassole, plus heureux
ou plus adroit, se laisse couler par la couverture, et ne perd
pas son temps à gagner Beaucaire. Roche s'évada on ne sait
comment. Seul, Rivière, qui s'était caché sous le lit, fut saisi
par les religionnaires qui voulaient le mettre à mort. Il ne
dut d'avoir la vie sauve qu'à la promesse qu'il fit aux calvinistes de leur donner cent écus. Mais le coup était manqué,
et les religionnaires restèrent maîtres de Saint-Roman.

Nous tirons ces détails de l'information faite le 3o août
suivant dans le château de Saint-Roman, sur cet événement,

par Pierre Rovyère, lieutenant de prévôt des maréchaux (1).

Nous trouvons depuis lors dans l'histoire plusieurs faits d'armes, relatifs aux guerres de religion, qui ne sont pas sans gloire pour la ville de Beaucaire; mais Saint-Roman n'y figure pas, il n'est mentionné que dans la guerre civile de 1632.

A cette époque, le marquis de Péraut, gouverneur de la ville et du château de Beaucaire, s'était engagé dans la faction de Gaston d'Orléans et du duc de Montmorency. Pendant que la ville, qui tenait pour le roi, faisait le siège du château où Péraut s'était enfermé, le maréchal de Vitry occupa Saint-Roman et Vallabrègues (2); de là, il harcelait sans cesse les convois de vivres et de munitions que le duc d'Elbœuf voulait faire entrer dans le château de Beaucaire pour le ravitailler. Le maréchal de Vitry finit par atteindre à Remoulins et disperser les troupes du duc d'Elbœuf. Cette victoire lui valut la reddition de Montfrin, où étaient les convois destinés au château de Beaucaire, et la soumission de ce château même (3).

On sait comment Richelieu récompensa les Beaucairois de leurs sacrifices et de leur dévouement à la cause royale. Le rasement du château, dont on admire aujourd'hui les restes, leur parut sans doute une grande satisfaction, tant ils avaient eu à en souffrir. Mais Richelieu poursuivait d'autres visées, et l'exécution d'un Montmorency nous éclaire sur son but. Il voulut moins satisfaire l'amour-propre des Beaucairois que porter à la noblesse un coup dont elle ne devait plus se relever désormais.

Quant aux Conseil, ils étaient bien de leur temps; d'hu-

(1) Ménard, *Hist. de Nîmes,* t. V, note XXIV.

(2) Peut-être faut-il entendre par ce nom, non pas le village de Vallabrègues lui-même, mais la roche dite de Comps, située en face, et où l'on voit encore les restes d'une forteresse.

(3) Le 3 sept. 1632. — Vaissette, *Hist. du Lang.*

meur belliqueuse et ayant le goût des aventures. Ménard (1)
cite un autre François, seigneur de Saint-Roman, qui prit,
comme capitaine d'armes, parti pour la Ligue, et à la tête de
sa compagnie saccagea Fournès en 1589.

(1) *Hist. de Nîmes,* t. VII.

XI

REVENUS ET CHARGES

Saint-Roman était donc condamné à voir décliner aussi cet élément seigneurial auquel il devait la deuxième phase brillante de son existence. Après l'abandon des moines, la désertion des châtelains. Il restera au temps peu à faire pour consommer la ruine.

En attendant, les divers intéressés se disputeront avec acharnement les lambeaux de Saint-Roman. Comme un arbre vieilli qui est envahi par un lierre parasite, il deviendra la proie des procureurs. Requêtes, assignations, mémoires, jugements, toutes les paperasses en usage aux deux derniers siècles, remplaceront ces chartes imposantes et solennelles que nous a conservées le *Gallia christiana*. Celles-ci nous montraient, dans leurs donations, l'organisation calme et puissante de Saint-Roman ; celles-là nous feront assister à son démembrement.

Mais nous devons d'abord reprendre l'histoire de Saint-Roman à la date de 1538, et examiner quels changements apporta dans le régime de ses biens l'introduction d'un élément nouveau.

La sécularisation n'amena pas seulement la conversion du monastère en forteresse, mais elle produisit aussi divers troubles dans l'assiette de la propriété et dans la jouissance des revenus. Ils provenaient soit d'une ambiguité de termes dans la fondation de la chapellenie, soit de l'incertitude qu'un

changement aussi radical de main introduisait dans les droits
nouveaux des propriétaires, soit surtout de la prépondérance
et de l'esprit entreprenant des seigneurs laïques de Saint-
Roman. En effet, la jouissance réservée au prieur, chapelain
ou recteur, fut souvent troublée et même entièrement sup-
primée par ceux-ci, et le prieuré n'exista bientôt plus que de
nom. Et cependant c'était une bien modique part que les
chanoines d'Aiguesmortes avaient faite à l'héritier ecclésiastique des possessions autrefois si considérables de Saint-Roman. Leur importance avait même diminué avant la vente
de 1538, puisque déjà au commencement du XVIe siècle, les
consuls de Beaucaire avaient pris la pieuse habitude de comprendre le prieuré de Saint-Roman dans la liste de leurs au-
mônes. En 1519-1523, il y est inscrit pour la somme de
32 livres (1).

Ce fut bien autre chose après la vente de 1538. En 1609,
le prieuré n'exerçait plus les droits de circonscription paroissiale dont il jouissait auparavant. Le sacristain Chastel, qui
nous a conservé quelques-unes des plus anciennes délibéra-
tions du chapitre de Beaucaire, nous le montre à cette date
décidant « de présenter requette à M. le Sénéschal ou à Mgr
l'archevesque d'Arle, pour l'adjudication de la quatrième
partie des fruits recueillis dans le terroir de Saint-Roman,
sur le fondement que le chapitre y administre les sacrements
aux personnes du terroir. »

En 1651, Mgr François Adheymard de Monteil de Grignan, archevêque d'Arles, fait la visite pastorale de son diocèse (2). Le 9 février, il s'achemine vers le château de Saint-
Roman, où il visite « la chapelle qui est en iceluy sous le
titre de Saint-Roman, laquelle est crosée dans le rocher. Le

(1) Arch. de Beaucaire. Délib. des consuls.

(2) Arch. de N.-D. de Pomier, registre des *Visites* past. de Mgr l'arch.
d'Arles.

tableau est fort effacé et l'autél est en bon état étant paré par
le sieur du Baye » (1). Messire Roustaing Bertet, chanoine
de Tarascon, était en ce moment chapelain en titre et assis-
tait à la visite de l'archevêque. Il faisait faire le service d'une
messe tous les dimanches ; mais il était tenu aussi, d'après
la visite précédente de Mgr de Barrault, de faire dire trois
messes pendant la semaine, et il s'excuse de ne pas remplir
cette obligation à cause de la modicité de ses revenus. Il perçoit, en effet, la dîme au vingtcinquain de tout le terroir de
Saint-Roman, ce qui vaut environ 400 livres de rente ; mais
il faut déduire 200 livres de décimes. L'extrait que nous citons
ne nous apprend pas quelle décision prit l'archevêque sur
ces misères ; mais il nous donne assez l'idée du délabrement
de l'institution que nous avons vue si florissante.

En 1672, messire Guillaume Figuier, prieur de Fourques, fait la visite au nom de Mgr Jean-Baptiste Adheymard
de Monteil de Grignan, et trouve les lieux et les revenus
dans le même état. Messire Bertet, doyen de l'église collégiale de Tarascon, est encore prieur de Saint-Roman. « Il
est obligé au service de quatre messes la semaine et ne l'y
fait dire que toutes les festes et dimanches, parce que led.
prieuré se treuvant uni avec celui de Saint-Laurens de Jonquières, où l'on ne disoit qu'une messe l'an, Mgr l'archevesque y ayant établi pour la comodité du puple le service d'une
messe toutes les festes et dimanches, en considération de
quoy on permit de diminuer celuy de lad. chapelle de Saint-
Roman. » Dans son ordonnance, l'archevêque autorisa Bertet
à continuer à ne faire le service à Saint-Roman que tous les
dimanches et fêtes.

Ce prieur, peu zélé pour le service religieux, l'était trop
pour ses intérêts temporels. Il ne craignit pas d'exiger des

____

(1) Des Porcellet, seigneur du Baye, alors propriétaire de Saint-
Roman.

dîmes dans l'étendue de la dîmerie du chapitre collégial de Beaucaire. Les archives de N.-D. de Pomier nous montrent une requête du chapitre du 18 juin 1665, tendant à obtenir de la cour présidiale de Nîmes l'autorisation de poursuivre messire Bertet, qui « se force de troubler les suppliants en leurs possessions et de vouloir enlever la disme des terres qui sont comprinses dans leur dismerie, et particullièrement à l'endroict appelé la combe des Caunelles et Vigne blanque, allant jusque au peirière nouvelle appartenant au sieur cadet Dupuy. » La Cour autorisa le chapitre à assigner Bertet, et ainsi fut entamé un procès qui ne fut peut-être vidé qu'en 1693.

Un document plus important, extrait par M. Eyssette (1) des archives de N.-D. de Pomier, accentue encore mieux le triste état des choses, et nous apprend en même temps quelles étaient les charges qui pesaient sur le prieuré. C'est une sentence rendue en 1693 par la cour du sénéchal, à l'occasion d'une demande formée par le chapitre de Montpellier en règlement de sommes adjugées, contre divers, aux curés de N.-D. de Pomier par arrêt de la même cour du 27 juin 1691.

Messires Gaspard Amoreux et Jacques Dupuy, curés de 'église collégiale de Beaucaire, étaient conjointement chargés par le chapitre du soin *(cura)* d'administrer les sacrements et de gérer les biens de la paroisse. Ils percevaient notamment une redevance connue sous le nom de portion congrue, et supportée par tous les prenant-dîme sur la paroisse et terroir de Beaucaire, lesquels pour la plupart ne résidaient pas. C'est contre ces débiteurs qu'est rendue la sentence du sénéchal de 1693. La liste qu'elle en donne nous fournit un état complet des prieurés de la terre d'Argence. Nous les citons à ce titre.

____

(1) *Hist. de Beaucaire*, t. II, note 2.

Outre le syndic du chapitre de l'église cathédrale Saint-Pierre, de Montpellier, demandeur, comme prieur du prieuré de N.-D. d'Adau, nous y voyons figurer :

Le seigneur archevêque d'Arles, prieur de Sajan ;

Le commandeur de Saint-Pierre de Camp-Public, prieur dudit Saint-Pierre ;

La dame abbesse du monastère de la Font de Nîmes, prieuresse de St-Paul ;

Le syndic du chapitre de Beaucaire ;

Le syndic du chapitre de Saint-Agricol d'Avignon, prieur de N.-D. d'Arbon ;

Le syndic du chapitre de Saint-Trophime d'Arles, prieur des Faïsses ;

Messire Jean Berthez, prêtre et recteur du prieuré de Saint-Roman de l'Aiguille ;

Messire Hubert Donin, prêtre et chanoine de l'église collégiale de Saint-Gilles, prieur de Saint-Sixte ;

Et messire Gariel, prêtre et vicaire du lieu de Vic, prieur de Saint-Denis.

La sentence qui règle les droits de ces intéressés nous apprend que Berthez avait, le 4 juin 1691, passé bail des fruits de la chapellenie de Saint-Roman à Pierre Benoît et Gaspard Giraud de Beaucaire, pour le prix de 450 livres et deux charges de raisins. Berthez payait les décimes pour Saint-Roman, et aussi pour le prieuré de Saint-Laurent de Jonquières qui, d'après cela, était encore joint à Saint-Roman. Mais messire Berthez, jouissant de son petit revenu et l'affermant tranquillement, se faisait remplacer pour le service religieux de la chapellenie. Il reçut, le 4 novembre 1691, de Maillan, prêtre, quittance de 285 livres pour le service de la chapelle de quatre années.

Le sénéchal, appréciant les charges que supportait le prieuré de Saint-Roman, en fixa le revenu à 300 livres quittes. C'est sur cette base que Berthez fut condamné à payer pour la portion congrue 183 livres 6 deniers pour les arrérages, et à l'avenir 43 livres 10 sous annuellement. Saint-Sixt, avec un revenu fixé à 60 livres, dût payer 7 livres 10 sous de portion congrue. Le total de cette redevance, sur tous les prieurés mentionnés plus haut, se montait, pour les curés de Beaucaire, à 600 livres.

Parmi les charges que supportait la chapellenie de Saint-Roman, il y avait, outre les décimes dues au roi et au clergé, les impôts ordinaires de l'État et de la commune, auxquels le prieur contribuait comme tout le monde. Nous le trouvons déjà, en 1550, inscrit sur le compoix de Beaucaire.

XII

DÉBAT AVEC LA VILLE DE BEAUCAIRE

Pendant que les prieurs prenaient cette attitude effacée et répondaient si mal aux souvenirs qu'ils étaient charchargés de représenter, les seigneurs de Saint-Roman levaient la tête, enflaient leurs titres et exagéraient leurs droits.
Ils se livrèrent à des entreprises contre la Communauté de
Beaucaire, dont un mémoire, publié par ses soins, nous a
transmis les détails. De tous les temps, une administration
n'est pas fâchée de trouver une occasion de publier sa sollicitude pour les intérêts qui lui sont confiés.

Les Porcellet avaient succédé aux Conseil dans la propriété
de Saint-Roman. Cette famille, par son ancienneté, sa position, ses richesses, avait une influence très-grande. Un de
ses membres, M. du Baye, seigneur de Saint-Roman, fit défendre aux habitants de Beaucaire de chasser dans son ténement et au quartier appelé Lieuton. La chasse était, dans le
droit féodal, une des prérogatives du seigneur ; mais les Beaucairois pouvaient, par un de leurs privilèges, chasser par tout
leur territoire. Ils s'en souviennent encore.

Un autre membre de la famille de Porcellet, M. de Maillanes, fit mêmes défenses dans le terroir de sa seigneurie de
Saint-Paul, et usa même de moyens violents pour empêcher
les Beaucairois de faire du bois dans ses garrigues. L'exemple
fut contagieux. M. d'Arnaud, dans le terroir de Margailler
et Lussan ; M. de Grille, dans celui de Gaujac qu'il avait acquis de Mme de Saint-Montan, se livrèrent aux mêmes abus.

Les consuls jugent prudent de couper court à ces entreprises, et convoquent, le 24 novembre 1652, le conseil extraordinaire et général de la commune, à son de cloche, voix de trompe et cri public. Le premier d'entre eux, noble Jean de Saint-Gilles expose l'affaire et fait lire au conseil la teneur des privilèges qui autorisent les habitants à pouvoir chasser, pêcher, lignerer, faire du bois et faire dépaistre tant leur bétail gros que menu, par tous les terroirs de Saint-Paul, de Saint-Roman de l'Agulhe, à la réserve du debvois (devès) qui est autour de ce château, et généralement par tout ledit terroir dudit Beaucaire. Il ajoute que l'affaire est très-importante comme s'agissant de l'intérêt du général, et que si on laisse prendre les facultés que leurs privilèges donnent aux habitants, ils perdraient le plus beau trésor que la ville eût.

M. de Roys opinant le premier fut d'avis que MM. de Porcellet feront voir leurs titres dans les quinze jours ; et que, cependant, les habitants useront de leurs privilèges, ce faisant chasser, couper bois, tant aux garrigues de Saint-Paul que de Saint-Roman et ailleurs, suivant l'ancienne coutume. Et au cas que les habitants seraient mis en procès pour ce fait, que la ville prendra leur fait et cause, et garantira iceux de tous dépens, dommages et intérêts et seront poursuivies toutes instances aux frais de la communauté.

M. de Cassole, — on retrouve toujours ce nom quand il s'agit de plaider les mauvaises causes de Saint-Roman, — pense au contraire que, pendant les quinze jours donnés pour montrer les titres, les habitants doivent s'abstenir de toutes voies de fait sur les terrains litigieux. C'était implicitement reconnaître la légitimité des entreprises constatées par les consuls. Le conseil fut unanime à les repousser et se rangea à l'avis de M. de Roys.

Nous ne savons quelle fut l'issue de ce débat. Mais il est probable que les auteurs des empiétements dûrent céder devant l'attitude résolue de la communauté. On voit combien l'ancienne société, si décriée aujourd'hui, était armée pour la défense de ses intérêts, et combien l'esprit public concourait alors au maintien des droits de tous.

Un autre débat, de moindre importance, mit encore aux prises la communauté et le seigneur de Saint-Roman. Le Rhône a son utilité et ses splendeurs ; mais il devient, à ses heures, un voisin incommode et dangereux. Autrefois, comme aujourd'hui, ses inondations emportaient ses rives et ravageaient nos champs. La seigneurie de Saint-Roman était, pour ses terres basses, exposée à ces dégradations.

Or, en 1638 (1), le Rhône emportant le terroir de Coquillade, le conseil de Beaucaire délibère qu'il sera travaillé à conserver ce territoire, ainsi qu'il fut déjà fait en 1608, la communauté contribuant de cinq portions trois, et le restant par le sieur de Saint-Roman et par les sieurs de Lédignan et d'Arnaud. Ce dernier pour les terres de Prémont et de Margailler.

Cette décision amena un débat entre les propriétaires à Lussan et Coquillade et la ville de Beaucaire. Le procès ne fut vidé qu'en 1689 par arrêt de la cour des aides de Montpellier du 29 avril. Nous remarquons que les intéressés s'étaient syndiqués pour mieux résister à la communauté. Les syndicats avaient alors le caractère d'une défense active : de nos jours, on les subit.

(1) Arch. des Hospices de Beaucaire.

XIII

PROCÈS DE LA PLAINE

La ville de Beaucaire avait un sentiment profond de ses droits et une grande confiance dans son autorité. Aussi repoussa-t-elle comme on vient de le voir les entreprises du seigneur de Saint-Roman. Mais les prieurs n'avaient pas la même trempe de caractère et les mêmes moyens d'action ; et leurs intérêts furent absorbés par leurs redoutables voisins. D'un autre côté, les abbés de Psalmody et les anciens prieurs conventuels de Saint-Roman avaient si longtemps réuni sur la même tête la double qualité de seigneur et de décimateur, que les nouveaux propriétaires se crurent volontiers leurs uniques successeurs pour leurs divers droits.

Le chapitre d'Aiguesmortes s'était bien départi en 1538 de la dîme de Saint-Roman en faveur du nouveau chapelain ; mais François de Conseil ne tint compte de cette clause. Il fallut que le chapelain se pourvût contre lui ; il obtint le 10 juin 1553 un arrêt qui lui donna gain de cause. Les Conseil cependant ne discontinuèrent pas de percevoir la dîme, comme nous l'apprend une transaction du 18 octobre 1607 qui reconnut encore les droits du prieur, mais ne lui valut pas une meilleure satisfaction. Conseil percevait toujours, comme l'avait fait le chapitre d'Aiguesmortes, sans distinguer la dîme du champart. Les reconnaissances lui étaient passées *pro tasca et decima* confusément et identifiaient les deux redevances.

En 1630, nouvelle instance du chapelain devant le sénéchal

de Beaucaire et Nîmes, en maintenue et possession de la dîme des fruits excroissant au terroir de Saint-Roman et autres, à raison de la quinzième partie des fruits. Par une ordonnance de cette même année, le sénéchal maintint le chapelain au droit de dîmer dans ledit terroir, suivant l'ancienne coutume ; et le 21 mars 1632, dans une transaction entre Rostaing de Dyse, chapelain de Saint-Roman, et le sieur de Conseil, celui-ci se départit envers le premier du droit de dîme, lui en laissant la libre possession et jouissance.

Il faut toutefois reconnaître que les prétentions des seigneurs de Saint-Roman ne manquaient pas de quelque fondement. La vente de 1538 avait attribué à François de Conseil un droit de patronage sur la chapelle du prieuré ; il avait été même expressément chargé de la reconstruire. On sait comment il entendit exercer son patronage, et que, s'il reconnaissait le chapelain, il lui laissait un rôle bien effacé. Quant à la reconstruction de la chapelle, s'agissait-il d'en édifier une à neuf, ou de relever un édifice extérieur des anciens temps ? Aucun débris n'en est parvenu jusqu'à nous, et la visite des archevêques d'Arles mentionne seulement la chapelle creusée dans le roc qui aura été sans doute la seule église et le vénérable berceau de l'abbaye primitive.

Une autre clause de l'acte de 1538 corroborait encore les exigences de Conseil. Le droit lui-même de la dîme étant inaliénable de sa nature devait être retenu par les vendeurs. Mais, pour ne pas intervertir l'ordre dans lequel se faisait depuis si longtemps la perception de la dîme, ils vendirent aussi à François de Conseil le droit de quinzain qui représentait la dîme et le champart réunis, à charge par lui de faire la part de la dîme à qui de droit. Mais les tenanciers ou emphytéotes n'y trouvaient aucune aggravation, puisqu'ils continuèrent à payer la quinzième partie des fruits comme par le passé.

Pendant que les Conseil jouissaient ainsi de la dîme avec une légitimité contestable, ils avaient bien soin d'acquitter exactement les décimes dues au roi et au clergé. Mais, après la transaction de 1632, ils demandèrent à être déchargés de cette imposition et la rejetèrent sur la tête de « Messire Arnaud Magain, prêtre-recteur de la chapelle dite Laguille, fondée à Saint-Roman. » Ils continuèrent néanmoins d'exiger des reconnaissances et de percevoir le champart seigneurial toujours à la quinzième partie des fruits. Il paraît que dans la transaction de 1632 un arrangement intervenu entre les parties avait laissé aux soins du seigneur la levée de la dîme comme par le passé, sauf à en donner au chapelain une part convenable. Il suit de là que les tenanciers continuèrent de payer leur quinzième partie des fruits au seigneur qu'ils connaissaient seul, ignorant sans doute qu'il percevait aussi dans son champart la dîme du chapelain.

Tel était l'état des choses, lorsqu'en 1638 M. de Porcellet devint adjudicataire de Saint-Roman et prit possession de la seigneurie. Il s'empressa de chercher les moyens de s'exonérer de la dîme, et prétendit qu'elle lui appartenait en propre, avec tous les droits seigneuriaux cédés à son auteur en 1538. Le prieur décimateur en appela, et M. de Porcellet fut condamné à lui payer la dîme, par arrêt de parlement du 28 août 1664.

Battu sur le fond, ce seigneur se rejeta sur la quotité de la dîme. Une nouvelle sentence du 3 juillet 1666 le condamna à payer au prieur la dîme des grains et des fourrages au vingt-unième, celle des raisins au vingt-cinquième, et celle des agneaux et chevreaux au quinzième. Mais c'était toujours le seigneur qui percevait des tenanciers directement la totalité de leurs redevances.

Dans le courant du dernier siècle, les nouveaux seigneurs exigèrent des tenanciers, nous ne savons sous quel prétexte ni par quels moyens, une surcharge considérable. Vers 1735, ils se firent payer d'eux le dixième des fruits au lieu du quinzième. Les emphytéotes supportèrent quelque temps cette

aggravation, mais lassés enfin de cet abus, ils réclamèrent
en 1772 et assignèrent les fermiers de M. de Forbin, alors
propriétaire de Saint-Roman, en réduction de leurs redevances. Ceux-ci assignèrent en assistance de cause les fermiers de l'évêque d'Alais, qui, de leur côté, se retournèrent
contre les tenanciers et leur demandèrent le paiement de la
dîme séparément. Les emphytéotes par l'organe du sieur
Mège, leur syndic, répondent qu'ils ne doivent, d'après les
titres constitutifs, que la quinzième partie des fruits, et que
c'est à M. de Forbin et à l'évêque d'Alais à s'arranger entre
eux pour le partage de leurs droits, tout ce qui s'est passé
entre le seigneur et le prieur étant pour eux *res inter alios
acta.*

Ainsi fut entamé ce long procès de la Plaine, dont la durée
est devenue proverbiale dans le pays, puisque nous avons
encore entendu dire nous-même : *Long comme le procès de
la plaine.* Il suivit son cours avec des incidents juridiques
qu'il serait fastidieux de rapporter ici. Ils sont consignés dans
un inventaire de productions d'où nous avons extrait les détails qui précèdent, et qui témoigne d'un véritable acharnement des parties. L'usage était de coter par une lettre de
l'alphabet chacune des pièces qui entraient au greffe ; or,
l'alphabet a été employé seize fois en entier, ce qui forme un
total de près de quatre cents productions différentes. On voit
que les procureurs de nos jours n'ont rien à envier aux avoués
d'autrefois.

Nous ignorons quelle fut l'issue de ce procès, et s'il a eu
même une fin. Mais un autre débat bien plus important se
préparait. Il ne s'agissait plus d'un modique champart, ni des
intérêts de quelques propriétaires et tenanciers. Les droits
seigneuriaux allaient disparaître, et l'existence même de la
société était menacée. La révolution ne devait pas tarder à
éclater, et elle emporta, avec les emphytéoses de Saint-Roman, des institutions bien autrement considérables.

XIV

Pendant que les divers ayant-droits se disputaient les lambeaux de Saint-Roman, le temps accomplissait aussi son œuvre de destruction. Saccagé par les calvinistes, abandonné par ses propriétaires, le château tombait peu à peu en ruines. Les autres institutions s'en allaient aussi à la dérive, comme ces épaves qu'aux heures d'inondation charrient les eaux enflées du Rhône. Du prieuré, il n'en était plus question, et la chapellenie n'existait que de nom. Pendant le XVIIIe siècle, le service religieux n'était plus entretenu. Seulement, quand les seigneurs résidaient, ils avaient recours aux cordeliers de Beaucaire qui leur servaient d'aumôniers. On voit par le procès de la Plaine qu'en 1776, et depuis plus de quarante ans on ne faisait aucun service religieux dans la chapelle. Cependant, nous avons entendu dire par des témoins respectables qu'un prêtre était chargé, peu de temps avant la Révolution, de dire la messe le dimanche à Saint-Roman.

Le changement des idées, la différence des habitudes sociales n'avaient pas seuls amené ce délabrement. Saint-Roman avait vu trop souvent se renouveler ses seigneurs, et une propriété ne gagne pas à changer sans cesse de main. Les Conseil possédèrent Saint-Roman juste un siècle. En 1638, les biens de l'un d'eux furent mis en distribution générale sur la tête de ses héritiers, et le 10 avril de cette année le marquis de Porcellet en obtint le décret.

Des Porcellet, il passa aux Brancas-Rochefort par le mariage (1) d'Ursule de Porcellet, fille de Henri, marquis du Baye et de Louise d'Albenas, avec André-Joseph de Brancas, chevalier, comte de Rochefort, marquis de Courbons, baron de Vitrolles et désormais seigneur de Saint-Roman. Les Brancas, qui s'appelaient Brancacci au XIVe siècle, étaient d'origine italienne et avaient joué un rôle important à Florence. Le nouveau seigneur de Saint-Roman fut nommé gouverneur de la ville de Beaucaire en 1697, et mourut en 1709. Son fils, André-Louis, aussi gouverneur de Beaucaire, posséda après lui Saint-Roman ; mais à sa mort, le comte de Branças-Laudun, son héritier, le céda à Jeanne de Tache, sa veuve, pour la somme de cent mille livres environ.

Les Forbin des Issarts devinrent ensuite seigneurs de Saint-Roman. Nous avons vu l'un d'eux figurer dans le procès de la Plaine. Madame de Lascaris-Vintimille, née Forbin, possédait Saint-Roman en 1819, au moment où M. César Blaud écrivait ses *Antiquités de Beaucaire*.

Après elle, ce sont les Raousset-Boulbon qui ont vendu le domaine à parties brisées, et ont fait abattre la partie supérieure du château que nous représente le dessin de M. Blaud.

Enfin, en 1864, Saint-Roman a été acquis par M. et Mme de Chatellier. Ces derniers propriétaires ont fait tracer des chemins sur les pentes et égayé les alentours du château par des plantations. Ces soins intelligents font bien augurer de l'avenir de ces vénérables ruines.

Si, un jour, leur possesseur veut débarrasser les fossés et l'intérieur des décombres que le temps et les hommes y ont accumulés, il découvrira peut-être quelques vestiges intéressants de l'histoire de Saint-Roman ; dans tous les cas, il aura bien mérité des amis du temps passé.

(1) Moréri, *Dict. hist.*

En clôturant ici l'histoire de Saint-Roman qui, malgré nos recherches, reste bien incomplète, nous ne pouvons nous défendre d'un certain sentiment de mélancolie. Comme elle plane sur ces ruines, ainsi elle se dégage de leurs annales. Les souvenirs que nous avons réveillés, et aussi cette nature splendide et toujours jeune qui les encadre, semblent prendre une voix et nous dire cette parole qui a retenti souvent dans les psalmodies du vieux monastère : Mes jours sont sur leur déclin ; j'ai passé comme l'ombre et la fleur des champs : Vous seul, Seigneur, êtes impérissable (1).

(1) Ps. CI.

ERRATA

P. 20, l. 31.........	Garambodensi,	*lisez* : Garambadensi.
P. 26, note, l. 2....	Gouidon,	*lisez* : Gaudon.
P. 55, l. 25........	1796,	*lisez* : 1696.
P. 59, notes........	(2) Ménard,	*lisez* : (1) Ménard.
Ibid.	(1) Invent. somm.	*lisez* : (2) Invent. somm.

Avignon. — Typographie SEGUIN frères.

www.ingramcontent.com/pod-product-compliance
Ingram Content Group UK Ltd.
Pitfield, Milton Keynes, MK11 3LW, UK
UKHW020023100726
13658UKWH00003B/1067